Ich bin ganz bei mir selbst

Mein Mitmachbuch für mehr Achtsamkeit

Karima
Stockmann

Inhalt

1. Willkommen auf dem Weg zu mehr Achtsamkeit!

Schon vieles wurde zum Thema „Achtsamkeit" geschrieben, gelesen und ausprobiert – vielleicht ja auch von dir. Warum also dieses Buch? Weil mir das Leben einen Weg aufzeigte, der mich befreite – von Zukunftsängsten und Vergangenem, von Hast, Unruhe und Orientierungslosigkeit, vor allem aber von dem Gefühl, immer auf etwas warten zu müssen, ehe ich zufrieden sein kann … darf … will. Diese neue Lebensweise schenkte mir Vertrauen – in das Leben, in das Hier und Heute, in den Moment.

Ich wünsche mir von Herzen, dass dir meine Ideen und Gedanken dabei helfen, deine Potenziale zu nutzen, den Schlüssel zum Glück in dir selbst zu entdecken und deinen persönlichen Weg zu finden.

Deine Karima Stockmann

Um dich auf deinem Weg zusätzlich zu unterstützen, findest du exklusive Videos mit ausgewählten Übungen aus diesem Buch online. Der Link dazu steht auf Seite 141.

Lass deinen Alltag
deine Oase,
das Heute
deine Inspiration und
das Jetzt
dein Geschenk sein.

2. Beginne, verändere, atme durch, genieße

Das tägliche Hamsterrad aus Verpflichtungen und Aufgaben – jeder kennt es, keiner mag es und doch sind so viele Menschen darin gefangen. Natürlich, es gibt immer etwas zu erledigen oder zu verbessern. Jetzt muss erst einmal der Aufgabenberg abgearbeitet werden, für das gute Buch ist auch morgen noch Zeit und der Yogakurs muss diese Woche eben ausnahmsweise noch mal ausfallen. Die To-do-Liste wird schließlich nicht von alleine kürzer!

Persönliche Hobbys und Zeitfenster für genüssliches Nichtstun kommen dadurch jedoch oft zu kurz, obwohl sie auf deiner Aufgabenliste ganz oben stehen sollten.

Doch warum fällt ein „Nein" so schwer, wenn dich ein anderer um deine Zeit bittet? Und warum sagst du stattdessen nicht öfter „Ja" zu dir selbst und deinen Bedürfnissen?

Regelmäßige Pausen sind wichtig. Sie bringen dich in Balance, entschleunigen deinen Alltag und helfen dir, dein Leben zu „erleben".

Ohne diese wertvollen Pausen zieht das Leben schnell an dir vorbei. Ehe du dich versiehst, ist wieder ein Jahr vorüber, in dem du dir doch eigentlich öfter etwas Gutes tun wolltest, etwa abends in Ruhe ein Bad nehmen oder einen netten Abend mit Freunden verbringen – anstatt Überstunden zu machen oder die Wäsche zu erledigen. Diese Pausen bedeuten, dass du für dich sorgst, auf dich aufpasst, achtsam mit dir umgehst und „ganz bei dir selbst bist".

Gönn dir diese „Wohlfühlpausen" so oft es geht.

Wer oder was hält dich häufig davon ab,
dir solche Glücksmomente zu gönnen?
Entlarve gleich hier deine offensichtlichen
Wohlfühl-Hindernisse:

....

....

....

....

Es ist Zeit für Veränderung, Zeit, um Innezuhalten, Zeit, um ganz bei dir selbst zu sein.

Lass dich von diesem Buch inspirieren und lerne dich selbst besser kennen: Entdecke deine Sehnsüchte, Stärken und Möglichkeiten, werde aufmerksamer und achte auf dich – denn wenn du es nicht selbst tust, macht es kein anderer für dich!

Indem du dieses Buch füllst, gestaltest du etwas, das genau zu dir passt. Dein Exemplar wird keinem anderen gleichen, denn du selbst schreibst daran mit. Nimm es immer wieder zur Hand – hier gibt es kein Ende, nur einen Anfang …

Bist du bereit? Bereit für mehr Ausgeglichenheit, Kraft und Zeit für dich selbst? Dann geht es los, genau in diesem Augenblick!

3. Du bist es wert

Du kennst das sicher auch: zack, zack … Pausenbrote fürs Kind schmieren, das eigene Frühstück muss warten. Den Kunden schnell daran erinnern, dass er den vereinbarten Termin nicht verschwitzt, doch du vergisst an diesem Tag das Wichtigste von allem: dich!

Mal ehrlich, was würdest du einer guten Freundin raten, wenn sie nur damit beschäftigt wäre, sich um die Bedürfnisse anderer zu kümmern, und dabei selbst ständig zu kurz käme? Du würdest ihr raten: Mach mal eine Pause und denk jetzt nur an dich!

Jeder Tag schenkt dir **86.400 Sekunden** − **86.400 Sekunden, die es in sich haben!** Sie bedeuten mehr als essen, schlafen, arbeiten, sollen, müssen, tun …

Sie geben dir jeden Tag aufs Neue die Chance, dich für dich selbst zu entscheiden und Glücksmomente auf deinem Lebenskonto zu sammeln. Deshalb **frage** dich immer wieder: „Was wünsche ich mir heute von meinem Tag?"

Trickkiste:

Klebe dir gleich einen Zettel mit dieser Frage an deinen Kühlschrank, die Kaffeemaschine oder den Spiegel, sodass du sie dir jeden Morgen aufs Neue beantworten kannst.

Das hat nichts mit Egoismus zu tun, im Gegenteil: „Nur ein voller Krug kann die Gläser füllen", besagt schon eine alte Weisheit. Sei dir stets bewusst: Nur wenn es dir selbst gut geht, behältst du Kraft und Muße auch für deine Mitmenschen da zu sein.

Selbst wenn du viele Pflichten und Aufgaben hast, lass dich nicht von deinem neuen Weg abbringen. Die folgenden Kapitel stellen dir viele neue „Werkzeuge" vor, die dir dabei helfen und mit denen du dir eine Pause, neue Energie und eben einfach ein gutes Gefühl schenken kannst.

3.1. Eine wirklich gute Frage: Wie fühlst du dich gerade?

Trau dich und mache es dir zur Gewohnheit, dich mehrmals täglich selbst nach deinem Befinden zu fragen – zumindest aber immer, wenn du dieses Buch zur Hand nimmst. Ganz am Anfang des Buches findest du das Gefühlsbarometer. Markiere mit einem Klebezettel jedes Mal deine momentane Stimmung. Starte am besten gleich jetzt damit.

Auf diese Weise kannst du beobachten, wie sich deine Gefühlslage von Tag zu Tag verändert, und sie dadurch bewusster wahrnehmen.

Wenn du möchtest, gehe noch einen Schritt weiter: Wie fühlt sich diese Stimmung in deinem Körper an? Bedrückt dich etwas und du merkst, wie dein Rücken unter der Last leidet? Wie sich dein Nacken verhärtet oder dein Kopf schmerzt? Schlägt dir etwas auf den Magen und du spürst, wie er sich verkrampft?

Oder fühlst du dich gerade wunderbar erleichtert und dein ganzer Körper scheint schwerelos zu sein? Hüpft dein Herz vor Freude oder spürst du deine momentane Zufriedenheit als angenehmes Kribbeln im Bauch?

Wie nimmst du deine Stimmung gerade
in deinem Körper wahr?

....

....

....

....

....

Trickkiste:

Sollte sich deine Laune mal in angespannten Muskeln, in
einem Druck- oder Engegefühl äußern, wehre dich nicht
dagegen. Gib diesen Wahrnehmungen stattdessen bewusst
Raum.
Stell dir beispielsweise vor, wie dort ein kleiner Luftballon
sitzt. Bei jedem Atemzug bläst du deinen imaginären Luftballon ein kleines Stückchen weiter auf, bis dort in deinem
Körper mehr Platz und somit weniger Druck und Anspannung ist.

Immer und überall
haben wir eine Chance
den Augenblick richtig zu leben.

Lore-Lillian Boden

Höre auf deinen Körper und seine Signale, wenn du dich regelmäßig fragst: „Wie geht es mir?"

Dabei ist es wichtig, dass du etwa auftretende Stimmungsschwankungen ohne Wertung zur Kenntnis nimmst:
Man muss nicht jeden Tag ein kleiner Sonnenschein sein.

Ärgere dich auch nicht, wenn die Stimmung mal auf dem Tiefpunkt ist, dadurch geht es dir nicht besser. Eher im Gegenteil.

Akzeptiere stattdessen, wie es gerade ist.

Du darfst dich auch mal schlecht fühlen, das ist völlig in Ordnung. Umarme tröstend deine schlechte Laune und mache das Beste daraus. Wenn du heute sowieso keinen Kopf für die Steuererklärung, den Großputz oder die Launen deiner Mitmenschen hast, nimm dir einfach Zeit für dich selbst.

Indem du bewusst auf die Zeichen von Körper und Seele reagierst, fühlst du dich automatisch besser – auch dann, wenn die Verursacher für dein momentanes Befinden noch da sind. Doch sie wirken plötzlich weniger bedrohlich, sie nehmen weniger Raum ein. Probiere nach und nach die Ideen und Anregungen der nächsten Kapitel aus und sieh selbst, was da genau passiert …

3.2. Deine persönlichen Wohlfühltricks

Fällt dir spontan etwas ein, das an grauen Tagen deine Stimmung aufhellt? Ein altes Fotoalbum durchzublättern, einen inspirierenden Podcast anzuhören, mit deinem Lieblingsmenschen zu telefonieren?

Was hast du schon viel zu lange nicht mehr gemacht, obwohl es dir jedes Mal ein richtig gutes Gefühl schenkt? Gehe ruhig ein wenig in die Vergangenheit zurück und denke zunächst nicht darüber nach, ob es heute immer noch dieselbe Wirkung auf dich haben würde. Bringe dir einfach deine altbewährten Wohlfühltricks wieder ins Gedächtnis.

Du brauchst kein geübter Meditationsprofi oder Yogi zu sein, vielleicht ist es für dich genau das Richtige, dein Lieblingslied laut aufzudrehen, durch den Park zu spazieren oder ein neues Kochrezept auszuprobieren.

Wann steigt dein Stimmungsbarometer?

....

....

....

....

....

....

....

....

Du hast nun ein paar Möglichkeiten aufgeschrieben, wie du dir einen Wohlfühlmoment schenken kannst. Sind sie fester Bestandteil deines Alltags? Baue diese Momente gezielt öfter ein und versuche, dich weniger von Pflichten und vermeintlich Wichtigerem kontrollieren zu lassen.

Welche Wohlfühlmomente wirst du dir in den nächsten sieben Tagen gönnen? Wähle verschiedene Aktivitäten oder jeden Tag dasselbe Wohlfühl-Ritual aus – hierfür warten weitere Ideen auf den nächsten Seiten auf dich:

Tag 1: ....   Tag 5: ....

Tag 2: ....   Tag 6: ....

Tag 3: ....   Tag 7: ....

Tag 4: ....   Gleich im Kalender notieren ...

Trau dich, auf deine eigenen Bedürfnisse zu hören. Trau dich, dich selbst wertzuschätzen! Sag es laut:

„Ich bin wichtig! Ich bin es wert, mir Zeit zu schenken und mich gut zu fühlen!"

Wenn du dich noch nicht traust, es in die Welt hinauszurufen, dann schreibe es hier nieder und verankere es damit in deinem Unterbewusstsein:

....

....

....

3.3. Spieglein, Spieglein an der Wand …

Du bist nicht nur wichtig, du bist sogar ein Meisterwerk der Natur – bestehend aus etwa 206 Knochen, über 650 Muskeln und ungefähr 100 Billionen einzelner Zellen, die jede für sich schon ein kleines Kunstwerk darstellt … Du atmest, du lebst, du gehörst zu den Wundern dieser Welt! Ist dir das bewusst?

Mal unter uns, was gefällt dir an diesem Meisterwerk, das du jeden Tag im Spiegel siehst, eigentlich am besten? Gefallen dir deine Augen, dein Lachen, dein Bauchnabel? Oder sind es vielleicht Dinge, die man nicht auf den ersten Blick sieht: Kannst du gut zuhören oder bist du Meister in Sachen Pünktlichkeit? Beginne heute diese Komplimente-Liste und vervollständige sie, wann immer dir danach ist:

Was gefällt dir äußerlich am besten an dir?

....

....

....

Trickkiste:

Mag dir nicht so recht einfallen, was dir äußerlich an dir gefällt? Dann überlege: „Was würde ein hundertjähriger Mensch denken, wenn er heute Morgen in deinem Körper aufgewacht wäre?"

Was sind deine Stärken und Fähigkeiten?

....

....

....

....

....

....

....

Vielen Menschen fällt es auch bei dieser **Frage** schwer, anerkennende Worte an sich selbst zu richten.

Frage deshalb bitte innerhalb der nächsten Woche drei Personen aus deinem nahen Umfeld, welche drei Eigenschaften sie an dir schätzen und trage sie hier ein:

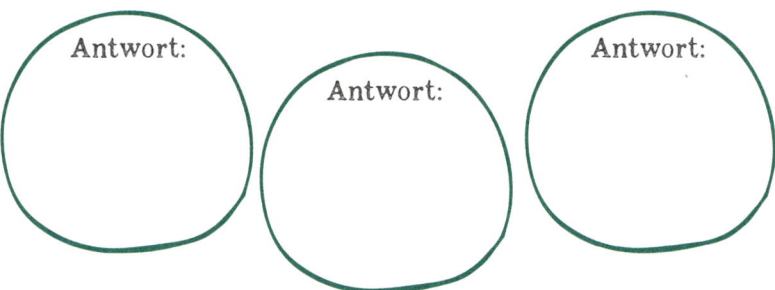

Antwort:

Antwort:

Antwort:

Wusstest du, dass ein Kompliment oder Lob ein wahres Feuerwerk der Dopamine, also der Glückshormone, in deinem Körper auslöst?

Das Allerwichtigste ist, dass du selbst deine Stärken wertschätzt und achtest.

So fühlst du dich weniger abhängig von äußeren Umständen und den Meinungen deiner Mitmenschen. Wer sich selbst mag, den können die anderen auch einfach mal „gern haben" … Gönne dir also anerkennende Worte und klopfe dir jeden Tag selbst auf die Schulter. Ist es nicht auch schon lobenswert, dass du gerade dieses Buch liest und somit zeigst, dass du auf dich acht geben möchtest? Das ist spitze! Du kannst wirklich stolz auf dich sein!

Deine erste Pflicht ist,
dich selbst glücklich zu machen.
Bist du glücklich,
so machst du auch andere glücklich.

Ludwig Andreas Feuerbach

4. Kennst du dein Ziel?

Es ist wichtig, sich Ziele und Prioritäten im Leben zu setzen, denn sie zeigen dir auf, was du am liebsten tagtäglich mit deiner kostbaren Zeit anstellen würdest. Anstatt ohne Plan durchs Leben zu hetzen, lege immer wieder eine Pause ein und frage dich:
„Wohin renne ich eigentlich? Welches Ziel verfolge ich? Was hat wahren Wert für mich? Muss ich erst auf etwas warten oder kann ich bereits in diesem Augenblick eines meiner Ziele erreichen?"

Wenn du dich selbst und deine Bedürfnisse wichtig nimmst, kommst du deinen Zielen ein großes Stück näher. Warte nicht länger darauf, dass sich etwas grundlegend ändert. Es wird immer wieder etwas geben, das gerade ungünstig ist und nicht in die Planung passt, irgendetwas, das dich vermeintlich am Glücklichsein hindert ...

Doch du besitzt bereits jetzt die Freiheit, durchzuatmen und deine Aufmerksamkeit auf die Geschenke des Lebens zu richten. Nutze diese Freiheit und werde vom Suchenden zum Findenden.

Nachgefragt:

Welche Werte sind dir wichtig? Kreuze bitte an oder ergänze bei Bedarf. Wähle dann aus allen angekreuzten Werten die fünf Leitwerte aus, die für dich am bedeutendsten sind:

Abenteuer	Achtsamkeit	Ehrlichkeit	einen Unter-schied machen	Erfolg
Familie	finanzielle Un-abhängigkeit	Freunde	Freiheit	Frieden
Gelassenheit	Genügsamkeit	Genuss	Gesundheit	Glaube
Harmonie	Kreativität	Liebe	Natur-verbundenheit	Respekt
Seelenruhe	Selbstbestimmt-heit	Sicherheit	Wachstum	Wissen

Meine 5 Leitwerte:

1. ....

2. ....

3. ....

4. ....

5. ....

Welche unmittelbaren Ziele ergeben sich daraus?
Möchtest du z. B. einem bestimmten Hobby nachgehen
oder dich mehr bewegen? Vielleicht eine Reise planen?
Notiere deine Ziele so konkret wie möglich:

....

....

....

....

....

....

....

....

....

....

....

5. Achtsamkeit

Sich regelmäßig Pausen zu gönnen bedeutet nicht, pflicht-
schuldig dreimal die Woche einen Qigong-Kurs zu besuchen
oder „ausgebrannt" auf eine vierwöchige Ayurveda-Kur zu
fahren. Viel sinnvoller ist es, wenn diese Pausen ein ständiger
Begleiter in deinem Alltag sind. Eines steht fest:

*Du bist wertvoll und hast dir deine Pausen mehr als verdient.
Richtig?*

Vielleicht hast du aber auch ab und zu noch diese Stimme in
dir, die dich antreibt: „Du hast keine Zeit für so etwas! Was
bringt das schon?! Du brauchst dieses ganze Entspannungs-
zeugs nicht, du schaffst das auch so!" Sicher, irgendwie wirst
du schon durchhalten. Mit Achtsamkeit in deinem Leben fühlst
du dich jedoch zufriedener und ausgeglichener – wirklich.
Es ist nicht immer leicht, Anspannung und Stress am Ende
eines Tages hinter sich zu lassen und die Freizeit zu genießen. Manchmal kreisen die Gedanken um Aufgaben, die
noch zu erledigen sind. Oder dir geht eine unangenehme
Situation nicht aus dem Kopf, obwohl sie nicht mehr zu
ändern ist.
Bestimmt stellst auch du dir manchmal Fragen, auf die du
doch keine Antwort bekommst: „Warum ist mir das nur
passiert? Was geschieht, wenn ich es nicht schaffe? Was
wäre, wenn ich mich anders entschieden hätte?"

Doch mit den Gedanken ständig bei Ereignissen in der Vergangenheit oder möglichen Szenarien in der Zukunft zu sein, kostet dich wertvolle Energie und lenkt dich von dem ab, was gerade tatsächlich passiert.

Befreie dich aus dem Sog dieser Grübeleien. Was zählt, ist das Jetzt, der gegenwärtige Augenblick, die Einladung, ganz bei dir selbst zu sein.

Übung:
Die Wahrheit der Gegenwart

Mal ehrlich, was empfindest du in diesem Augenblick, in dem du durch dieses Buch blätterst, diese Zeilen liest, deine Hände die Außenseite des Buches spüren, deine Füße den Boden oder dein gemütliches Sofa berühren, dein Herz sanft schlägt und dein Atem dich bedingungslos am Leben erhält? Gibt es genau in diesem Moment etwas Schlechtes? Nicht vorhin oder später – was ist mit genau diesem Augenblick? Spüre ihn, erfasse ihn – mit all deinen Sinnen.

Ohne darüber nachzudenken, warst du gerade „achtsam".
Du hast deinen Sinnen erlaubt, dich und deine Umgebung
wahrzunehmen, dich auf die Gegenwart zu konzentrieren.

*Und plötzlich geschah etwas Wunderbares –
dein Kopf verstummte und du warst einfach nur da!*

Genau das ist das Geheimnis für einen Alltag voller Momente ganz bei dir selbst – Achtsamkeit!
Denn achtsam zu sein bedeutet, den gegenwärtigen Moment mit all deinen Sinnen intensiv wahrzunehmen, ohne
ihn zu bewerten. Denn es geht dabei nicht um „richtig"
oder „falsch", „gut" oder „schlecht".

Achtsamkeit ist unabhängig von äußeren Bedingungen wie
Ort und Zeit. Das ermöglicht dir, dich auch bei alltäglichen
Tätigkeiten wie beim Essen, Zähneputzen oder Gehen zu-
frieden und lebendig zu fühlen. Zukünftiges, Vergangenes,
Sorgen und Ängste – dein Gedankenkarussell verliert an
Bedeutung, wenn du deine Aufmerksamkeit bewusst auf
das Hier und Jetzt lenkst.

Auf diese Weise befreist du dich sanft von dem Gefühl, auf
etwas warten zu müssen – auf den Feierabend, auf den
Zeitpunkt, wenn die Kinder endlich im Bett sind, auf das
Wochenende, den Urlaub oder die Rente.

Dank Achtsamkeit erhältst du – völlig unabhängig von deinen generellen Lebensumständen – in jedem einzelnen Augenblick die Chance, einen Moment voll Zufriedenheit, Dankbarkeit und Lebensfreude zu erleben.

Hört sich das gut für dich an?

Trickkiste:

Sollte diese kleine, grübelnde Stimme doch wieder in deinem Kopf auftauchen, dann lass dich nicht von ihr irritieren. Identifiziere dich nicht mehr mit ihr, sei stattdessen ein neugieriger Zuhörer: Was hat sie zu sagen? Schmunzle über ihre Worte, denn du hast deinen inneren Kritiker auf frischer Tat ertappt und lässt das Grübeln nicht mehr unbewusst über dich ergehen.
Durch diese bewusste Trennung zwischen „Kritiker" und „Zuhörer" haben die Grübeleien keine Macht mehr über dich. Du erlaubst ihnen nicht mehr, dich zu stören oder von deinen erholsamen Pausen abzuhalten. Du drehst den Spieß um und beeinflusst deine Gedanken nun durch dein Verhalten.

Nichts bringt uns
auf unserem Weg
besser voran
als eine Pause.

Elizabeth Barrett Browning

5.1. Achtsamkeit ist trainierbar

Kennst du bereits Situationen, in denen es dir leichtfällt, achtsam zu sein? Wann bist du vollkommen im Moment, ganz bei dem, was du gerade tust, während dein Gedankenkarussell eine Pause macht? Vielleicht beim Tanzen, Malen, Singen oder Sport treiben?

Das sind deine Achtsamkeitsmomente:

....

....

....

Wie viel Zeit nimmst du dir pro Woche
für diese Beschäftigung(en)?

etwa .... Stunden pro Woche

Würdest du gerne mehr Zeit damit verbringen?

O   Ja   O   Nein

Wer oder was hindert dich bisher daran,
dem öfter nachzugehen?

....

....

Wenn es eine Möglichkeit gäbe, um sich genügend
Zeit und Raum dafür zu schaffen, welche wäre das?

....

....

Brauchst du noch irgendetwas, um tatsächlich
zu starten? Wenn ja, was konkret?

....

....

Wie würdest du dich fühlen, wenn dein Vorhaben klappt?
Schließ die Augen und stell dir vor, es wäre schon so weit.
Beschreibe hier dein Gefühl ...

....

....

5.2. Adé
Stress-Spirale

Wer seine Achtsamkeit regelmäßig trainiert, wird in Stress-situationen leichter die Kontrolle behalten und gelassener reagieren. Auch sind Achtsamkeitsübungen perfekt, um sich schnell zu beruhigen, wenn der innere Stresspegel doch wieder in die Höhe schnellt.

Erkennst du eigentlich, wann dein Stress-system aktiviert wird? Achtest du darauf, wie dein Körper auf Zeitdruck, Überforde-rung oder andere belastende Situationen reagiert – mit Rückenproblemen, Kopf-schmerzen oder Schlafstörungen?
Wo genau nimmst du Stress in deinem Körper wahr – bitte markiere:

Körperliche Stresssymptome sind, ebenso wie dein Gefühlsbarometer ganz vorne im Buch, wertvolle „Stopp-Schilder" für dich.

Deswegen ist es wichtig, dass du auf deinen Körper achtest und, wenn nötig, die Notbremse ziehst.

Denn Stress bedeutet für deinen Körper ein ganz schönes Durcheinander. Dein Gehirn und die Nebenniere produzieren Stresshormone, die Leber schüttet Glukose aus, dein Herzschlag und die Atmung werden angekurbelt und im Gegenzug wird alles, was deinem Körper in diesem Moment unwichtig erscheint (Verdauung, Entgiftung, Libido, usw.), in den Sparmodus gesetzt.

All dies war früher eine natürliche Reaktion des Körpers, um sich durch Kampf oder Flucht aus einer akuten Stresssituation zu befreien. Zwar ist heute nicht mehr der Säbelzahntiger der Stressfaktor – sondern ein unauffindbarer Schlüssel, ein anstehendes Bewerbungsgespräch, ein Streit mit der Freundin, ein verschütteter Kaffee oder einfach nur eine lange Warteschlange – doch der Körper reagiert wie vor Urzeiten.

Sowohl in als auch nach einer solchen Stresssituation ist es wichtig, den Körper zu „ent-stressen" und ihm dabei zu helfen, wieder ins Gleichgewicht zu kommen – vor allem wenn ein „Säbelzahntiger" dem anderen folgt und aus einzelnen, akuten Herausforderungen irgendwann eine ernst zu nehmende Dauerbelastung wird. Mit den Übungen auf den folgenden Seiten entkommst du erfolgreich der Stress-Spirale und bleibst in herausfordernden Situationen zunehmend gelassener …

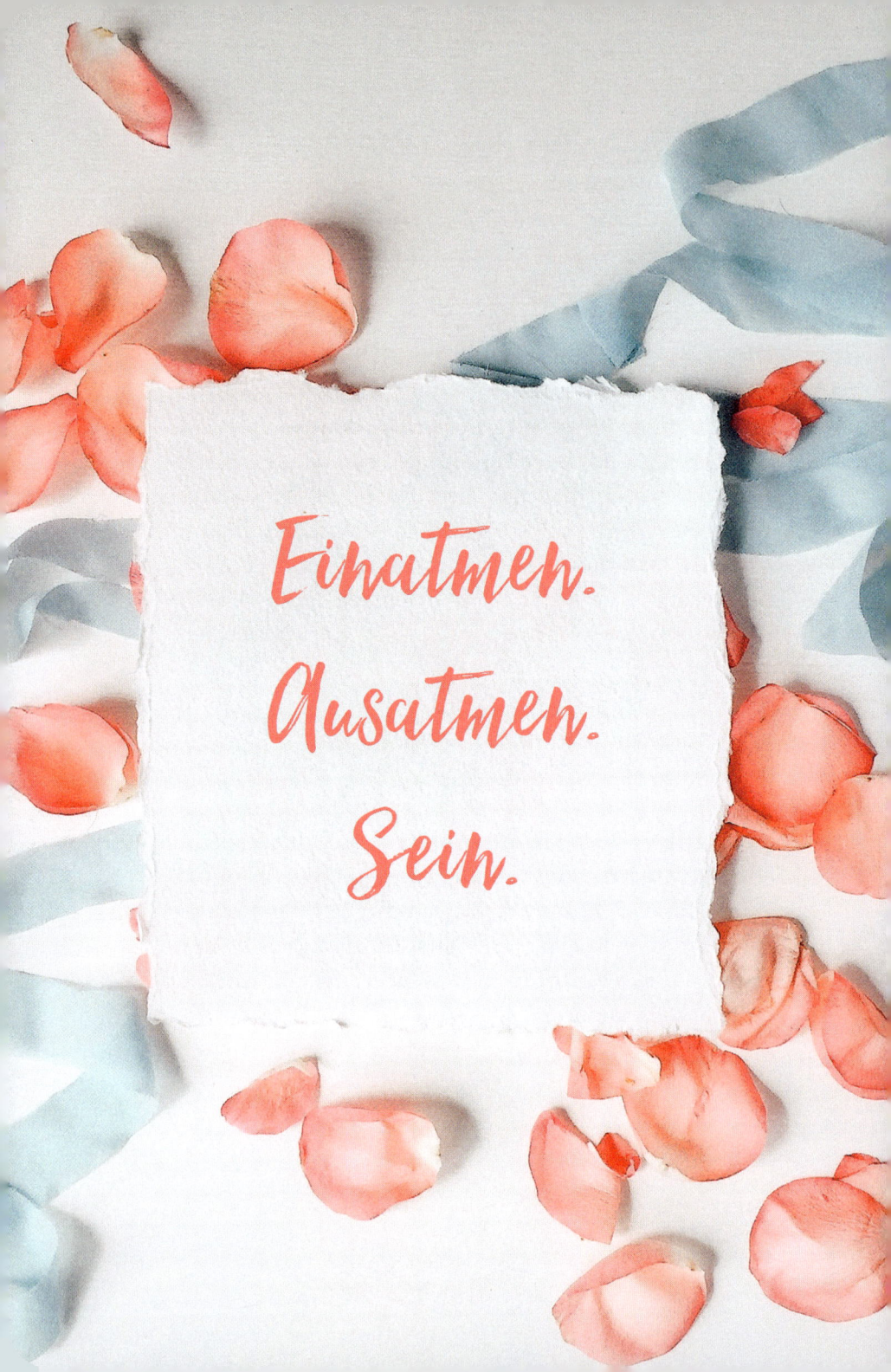

6. Achtsamkeitsübungen

Was machst du über 20.000 Mal am Tag – ohne es die meiste Zeit überhaupt zu bemerken? Ganz genau: atmen. Wie gut, dass dein Körper das von ganz alleine macht, denn du würdest es wahrscheinlich noch vergessen, so beschäftigt, wie du bist …

Nicht ohne Grund ist bewusstes Ein- und Ausatmen Bestandteil vieler Entspannungs- und Konzentrationsübungen. Eine Atemübung ist einfach umzusetzen und besonders effektiv, da sie erwiesenermaßen den Herzschlag, den Blutdruck und die Sauerstoffzufuhr im Gehirn positiv beeinflussen kann. Dein ganzes Nervensystem bekommt dadurch einen richtigen Frischekick.

Trickkiste:

Damit du künftig vor allem dann durchatmen kannst, bevor eine stressige Situation die Oberhand gewinnt, trainierst du die folgenden Übungen am besten mehrmals am Tag. Anfangs vor allem in Augenblicken, in denen du dich wohl fühlst. Wie wäre es gleich jetzt mit einer kurzen Auszeit?

Den Puls des eigenen Herzens fühlen.
Ruhe im Innern,
Ruhe im Äußern.
Wieder Atem holen lernen,
das ist es.

Christian Morgenstern

Übung: Achtsames Atmen

Öffne, wenn möglich, ein Fenster und nimm dir etwa drei
Minuten Zeit, um einfach aufrecht und still dazusitzen.
Wenn du möchtest, kannst du zuvor auf dem Gefühlsbaro-
meter deine Stimmung auf der Skala von 1–10 festhalten.

Schließe deine Augen oder fixiere einen Punkt etwa einen
Meter vor dir auf dem Boden, während du deine Bauchmus-
keln entspannst und 4 Sekunden lang tief durch die Nase
einatmest.

Merkst du, wie sich beim Einatmen zunächst dein Bauch
wölbt und schließlich deine gesamte Taille weiter wird?
Dann füllen sich auch deine Lungen mit Luft, während sich
deine Schultern sanft heben. Wie eine Welle durchfließt der
frische Sauerstoff nach und nach deinen ganzen Oberkörper.
Stell dir vor, wie er dir neue Kraft schenkt, während er
durch deinen Körper strömt.
Atme nach jedem kraftvollen Atemzug langsam durch die
Nase aus. Lass dir dabei etwa 6 Sekunden Zeit. Wenn dir
das längere Ausatmen anfangs schwer fällt, presse die
Luft vorsichtig durch deine fast verschlossenen Lippen, so
als würdest du einen heißen Tee kühl pusten.

Das Zählen – 4 Sekunden beim Einatmen, 6 Sekunden beim Ausatmen – hilft dir dabei, andere Gedanken verstummen zu lassen.

Um präsent bei deiner Atmung zu bleiben, kannst du dir beim Einatmen zusätzlich vorstellen, wie du einen deiner wichtigsten Werte „einatmest", beispielsweise Liebe oder Güte. Beim Ausatmen breitest du dieses Gefühl dann in dir aus – bis in die Zehen-, Finger- und Haarspitzen.

Beende diese Übung, indem du wieder den Raum um dich herum wahrnimmst, die Augen langsam öffnest – oder deinen Blick vom Fixpunkt löst – und der Entspannung in deinem Körper nachspürst.

Wie fühlst du dich jetzt? Hat sich deine Stimmung auf dem Gefühlsbarometer verändert?

vorher: .... Punkte   →   nachher: .... Punkte

Diese Übung ist besonders effektiv, wenn du sie in Ruhe durchführst. Es gibt viele Alltagssituationen, in denen du auch mit geöffneten Augen und während du eine andere Aufgabe erledigst, bewusst und achtsam atmen kannst: beim Gehen, Händewaschen, Kochen, Warten … Je öfter du bewusst auf deine Atmung achtest, desto ausgeglichener wirst du dich fühlen.

Auf diese Weise kannst du Zeitdruck oder innerem Stress bereits entgegenwirken, bevor er entsteht. Ist das nicht wunderbar?

Trickkiste:

Entscheide dich anfangs für bestimmte Situationen, in denen du das achtsame Atmen trainieren möchtest, und erinnere dich mit kleinen Klebepunkten an diese Übung. Wie wäre es mit einem farbigen Achtsamkeitspunkt auf deinem Telefon, der Teetasse oder dem Geldbeutel? Immer wenn du ihn entdeckst, atme bewusst durch ...

6.1. Achtsamkeits-Challenge: Teil 1

Welche Tätigkeiten möchtest du ab heute jeweils eine Woche lang mit deiner neuen, achtsamen Atmung kombinieren? Insgesamt wirst du in diesem Buch zwei Challenges finden, die jeweils 28 Tage andauern. Warum dieser Zeitraum? Weil aus einem Verhalten, das man 28 Tage lang praktiziert, eine Gewohnheit wird. Es wird verankert. Verfolge deine Erfolge durch Abhaken hier oder in deinem Kalender:

1. Woche: .... (Aktivität)
○ Mo ○ Di ○ Mi ○ Do ○ Fr ○ Sa ○ So

2. Woche: ....
○ Mo ○ Di ○ Mi ○ Do ○ Fr ○ Sa ○ So

3. Woche: ....
○ Mo ○ Di ○ Mi ○ Do ○ Fr ○ Sa ○ So

4. Woche: ....
○ Mo ○ Di ○ Mi ○ Do ○ Fr ○ Sa ○ So

Übung: Den Körper spüren

Diese Achtsamkeitsübung kannst du immer und überall,
mit geschlossenen oder offenen Augen und in jeder Körper-
haltung durchführen. Wo auch immer du also jetzt gerade
bist, sitzt, stehst … atme bewusst ein und aus und nimm mit
deinem Körper erst einmal von außen Kontakt auf.
Beginne damit, alle Teile deines Körpers zu spüren, mit
denen du an etwas lehnst, auf etwas sitzt oder stehst. Lehnst
du an einem harten Baum oder einer kantigen Stuhllehne?
Sitzt du auf einem weichen Sitzkissen oder im Gras?
Stehen deine Füße mit ganzer Sohle fest auf dem Boden?

Spüre dann auch den Kontakt zwischen deiner Kleidung und deiner Haut. Hast du einen bequemen Pullover an oder ein luftiges Shirt? Wie fühlt sich das Material auf deiner Haut an? Merkst du den leichten Druck deines Hosenbundes? Was nimmst du wahr?

Wandere nun mit deiner Aufmerksamkeit langsam von deiner Körperhülle nach innen. Spüre die Wärme, das Kribbeln, die Lebensenergie in dir und lass dir auch hierbei genügend Zeit. Für den Anfang ist es sinnvoll, deine Aufmerksamkeit nacheinander von Körperteil zu Körperteil wandern zu lassen und einfach wahrzunehmen, dass dieser Teil deines Körpers da ist – ganz ohne Wertung, auch wenn hier und da etwas zwickt, schmerzt oder verspannt ist.

Beginne beispielsweise in deinem Gesicht: Richte deinen Fokus auf deine Stirn, deine Lippen, deinen Kiefer, deine Zunge. Nimm dann deine Schultern, Oberarme, Unterarme und Hände wahr, ehe du versuchst, Schritt für Schritt dein Herz, deine Lunge, deinen Bauch, dein Gesäß sowie deine Oberschenkel, Knie, Unterschenkel und Füße zu spüren.

Jeder Millimeter deines Körpers ist mit Leben erfüllt – ganz ohne dein Zutun.

Je öfter du diese Übung durchführst, desto leichter wird sie dir fallen. Irgendwann kannst du beispielsweise auch jetzt, während du weiterliest, deinen gesamten Körper von innen spüren.

Dies verbindet dich auf intensive Weise mit dem jetzigen Moment und schenkt dir Ruhe, Gelassenheit und Zufriedenheit.

Trickkiste:

Die Turbovariante, um deine Körperwahrnehmung für einen achtsamen und entschleunigten Alltag zu nutzen: Wähle ein kleines Körperteil aus, beispielsweise deine Zungenspitze oder deinen linken großen Zeh und spüre so oft wie möglich am Tag in diesen Teil deines Körpers hinein. Sei dir einfach, wann immer es geht, darüber bewusst, dass er da ist, und vergiss ihn auch im Alltagstrubel nicht. Jedes Mal, wenn dir das gelingt, gönnst du deinem Geist eine kurze Pause. Schneller geht's nicht. Für welches Körperteil entscheidest du dich?

Gibt es ein Körperteil, das dich bis vor Kurzem noch geärgert hat – durch eine Verletzung oder Schmerzen – und jetzt aber wieder gut in Schuss ist? Welcher Teil deines Körpers ist es?
Wie fühlt sich diese Körperstelle jetzt an? Bist du dankbar über die Genesung? Dann sag es doch einfach und freu dich über dieses Glück: „Danke!"

Übung:
Allumfassend wahrnehmen

Mit dieser simplen Handübung trainierst du deine Fähigkeit, Momente intensiver wahrzunehmen. Denn wie oft passiert es, dass deine Gedanken überall sind, nur nicht im Hier und Jetzt.

Ein schöner Moment, der eigentlich deine volle Aufmerksamkeit verdient hätte, ist ganz schnell vorbei, ehe du darin angekommen bist ... Schluss damit, ab heute kannst du solche Augenblicke intensiver erleben, denn jetzt trainierst du, deine Umgebung allumfassend wahrzunehmen.

Du beginnst, indem du deinen Arm so vor dir ausstreckst, dass du deine Handinnenfläche betrachten kannst. Wähle willkürlich eine einzelne Handlinie aus und fixiere sie mit deinem Blick.
Nimm nun – ohne deinen Blick von dieser Handlinie abzuwenden – deine fünf Finger wahr. Du kannst sie sehen, ohne direkt darauf zu blicken. Auch kannst du erkennen, was links und rechts neben deiner Hand passiert, du siehst die Möbel, die Natur oder den Himmel.

Fokussiere weiterhin deine Handlinie und nimm all das um dich herum dennoch aus den Augenwinkeln heraus wahr.

Wenn du diese Übung draußen in der Natur machst, hat sie einen besonders starken Effekt. Zusätzlich zu Farben und Konturen, kannst du dich nun auch auf Gerüche, die Temperatur, den Wind und Geräusche konzentrieren. Vielleicht hörst du aber auch nichts außer friedlicher Stille.
Ist dir aufgefallen, dass deine Gedanken bei dieser Übung verstummt sind und deinen Sinneswahrnehmungen den Vortritt gelassen haben? Genieße diese Denkpause so oft es geht und atme wenn möglich gleichzeitig bewusst ein und aus.

6.2. Achtsamer Alltag

Ebenso unkompliziert wie achtsames Atmen, das Spüren deines Körpers oder die allumfassende Wahrnehmung deiner Umgebung lassen sich vollkommen alltägliche Tätigkeiten in eine praktische Trainingseinheit verwandeln. Zeitmangel ist somit keine Ausrede mehr für zu wenig Achtsamkeit und Regeneration! Du könntest beispielsweise achtsam kochen, essen, duschen oder auch umarmen – probiere es einfach aus.
Wichtig dabei ist, dass du es bewusst ausführst. Kombiniere eine der drei vorangegangenen Übungen nach Belieben mit deiner eigentlichen Tätigkeit: Achte etwa auf eine bewusste, ruhige Atmung oder spüre wie deine Füße den Boden berühren. Setze gezielt deine Sinne ein und nimm deinen Körper oder auch deine Umgebung wahr. Bewerte deine Eindrücke nicht – „schlecht" oder „gut" gibt es hierbei nicht.

Übung: Kraft-Dusche

Nutze die ungestörten Minuten beim Duschen, um ganz nebenbei neue Kraft zu schöpfen und deinen Alltag zu entschleunigen. Achtsames Duschen benötigt nicht mehr Zeit, sondern nur mehr Beachtung der einzelnen, kleinen Schritte.

Erforsche dafür alles ganz genau: Ist der Boden deiner Dusche kalt oder warm? Spürst du die Temperatur des Wassers? Wie fühlt sich die Seife auf deiner Haut an? Wonach riechen Duschgel und Shampoo?
Genieße die kurze Kopfmassage, während du dir die Haare shampoonierst, und versuche währenddessen deine Kopfform zu ertasten. Vergiss dabei jedoch deine anderen Sinneseindrücke nicht und nimm den Moment mit all seinen Details wahr. Atme die feuchte Luft ein und realisiere, dass du gerade wertvolle Zeit verbringst, die einfach nur dir und deiner Wahrnehmung gehört. Was für ein Geschenk! Mit der Zeit wirst du immer mehr Wahrnehmungen miteinander kombinieren können.

Sei geduldig mit dir und nimm dir nicht zu viel auf einmal vor.

Verankere stattdessen Schritt für Schritt konkrete, achtsame Handlungen in deinem Alltag.

6.3. Achtsamkeits-Challenge: Teil 2

Hier kommt der zweite Teil der Achtsamkeits-Challenge von Seite 39: Kraft-Dusche, achtsames Kochen, Zuhören, Umarmen oder Busfahren? Bei welcher Tätigkeit möchtest du jeweils eine Woche lang ganz bewusst deine Sinne einschalten? Verfolge deine Erfolge durch Abhaken hier oder in deinem Kalender:

5. Woche: .... (Aktivität)
      ○ Mo ○ Di ○ Mi ○ Do ○ Fr ○ Sa ○ So

6. Woche: ....
      ○ Mo ○ Di ○ Mi ○ Do ○ Fr ○ Sa ○ So

7. Woche: ....
      ○ Mo ○ Di ○ Mi ○ Do ○ Fr ○ Sa ○ So

8. Woche: ....
      ○ Mo ○ Di ○ Mi ○ Do ○ Fr ○ Sa ○ So

Trickkiste:

Es gibt zusätzlich einen einfachen Trick, um alltägliche Vorgänge bewusster durchzuführen: Wechsle einfach die Hand. Schüttest du sonst deinen Kaffee mit der rechten Hand in die Tasse, mache es morgen mit der linken. Oder schreibe dir eine Notiz mit der linken statt der rechten (oder andersherum). Probiere es gleich jetzt aus und schreibe das folgende Zitat ab – jedoch mit der anderen Hand als sonst …

*Immer und überall haben wir eine Chance,
den Augenblick richtig zu leben.*
Lore-Lillian Boden

....

....

....

....

7. Kleine Helfer im Alltag

Jetzt kennst du schon verschiedene Achtsamkeitsübungen, mit denen du quasi auf Knopfdruck dein Nervensystem entlasten kannst. Doch was, wenn es mit der Konzentration schwerfällt, die Gedanken wild umherschwirren und du einfach nicht abschalten kannst? Beispielsweise in der Arbeit, in akuten Stresssituationen oder wenn du irgendwo auf etwas warten musst?

Ärgere dich nicht darüber, dass es jetzt gerade nicht mit dem Entspannen klappt. Erinnere dich stattdessen an eine der folgenden Übungen, mit denen du deine Gedanken ganz bewusst in eine angenehme Richtung lenkst:

Übung: Deine Wohlfühl-Oase

Tatsächlich fällt es vielen Menschen anfangs schwer, auf Knopfdruck an nichts zu denken und so nicht nur dem Körper, sondern auch dem Geist eine Pause zu gönnen. Die folgende Imaginationsübung hilft dir, deine Gedanken auf etwas Positives und Entspannendes zu richten.

Wie wäre es, wenn du dich jetzt und dann regelmäßig, beispielsweise vor dem Schlafengehen oder nach dem Erledigen einer Aufgabe in Beruf oder Haushalt, mit einem Kurzurlaub in deiner persönlichen Wohlfühl-Oase belohnst?

Trickkiste:

Sollten dich auch bei den folgenden Übungen immer wieder deine Gedanken stören, gehe folgendermaßen vor: Bedanke dich für diesen Gedanken, anstatt dich gegen ihn zu wehren. Sage dir innerlich: „Danke, lieber Gedanke, dass du da bist. Gerne begrüße ich dich zu einem späteren Zeitpunkt noch einmal, doch jetzt möchte ich bitte für mich allein sein." Dann stell dir vor, du setzt ihn auf eine weiße Wolke – und lass ihn fortziehen. Dies kannst du mit jedem Gedanken machen, der deiner Denk- und Atempause in die Quere kommt.

Schließe nun deine Augen und konzentriere dich zunächst nur auf deinen Atem. Behalte deine Augen geschlossen und stelle dir vor, dass du an einem Ort bist, der für dich vollkommene Ruhe ausstrahlt.

Vielleicht ein Berggipfel mit Blick über grüne Täler? Ein einsamer Sandstrand? Eine ruhige Waldlichtung oder ein gemütliches Kaminzimmer? Du hast die Wahl.

Stelle dir jedes Detail deiner neuen Umgebung genau vor und genieße die Atmosphäre mit all deinen Sinnen:

Höre genau hin: Rauscht das Meer? Zwitschern die Vögel? Knistert das Feuer? Oder herrscht vollkommene, friedliche Stille?

Was fühlst du? Spürst du das Gras oder den warmen Sand unter deinen Füßen? Sitzt du auf einem großen, kühlen Stein, einer gemütlichen Holzbank oder einer kuscheligen Decke?

Kannst du den Duft von Kiefernnadeln, erdigem Moos oder salziger Meeresluft riechen?

Erkunde deine Wohlfühl-Oase Stück für Stück und freue dich darüber, dass alles genau so ist, wie du es gerade haben möchtest.

Das Beste daran: Du kannst jederzeit zu diesem geheimen Ort zurückkehren, wann immer du dir Zeit dafür nimmst.

Für den Anfang ist es empfehlenswert immer wieder an denselben Kraftort zurückzukehren und dann Stück für Stück mehr Details zu erschaffen.

Damit du auch in stressigen Zeiten deine Wohlfühl-Oase in dir wiederfindest, beschreibe hier möglichst genau, was du bereits bei deinem ersten „Kurzurlaub" dort entdeckt hast. Dir steht offen, ob du deinen Wohlfühlort malst, beschreibst, etwas einklebst – was immer für dich am besten ist:

Ergänze deine Eindrücke zu einem späteren Zeitpunkt, wenn du möchtest.

Trickkiste:

Wenn es dir einfach nicht gelingen will, ein Bild deiner Wohlfühl-Oase zu erschaffen, kannst du dich auch mit einem „Reiseführer" auf den Weg machen. Lausche einer geführten Fantasiereise oder hole dir Inspirationen in einem Reisekatalog, Fotoalbum oder im Internet, indem du z. B. unter dem Stichwort „Kraftorte" auf Bildersuche gehst. Wähle ein Bild aus, das dich auf den ersten Blick anspricht. Dann schließe die Augen und träum dich fort.

7.1. „Stress-weg-Übungen"

Achtsames Atmen, wie auf Seite 37 beschrieben, ist die einfachste und schnellste Variante, um das Stresssystem deines Körpers sofort etwas zu besänftigen. Es gibt weitere Übungen, mit denen du solch eine bewusste, intensive Atmung kombinieren kannst.

Wusstest du beispielsweise, dass du auch deinen Puls – also den Rhythmus deines Herzens – nutzen kannst, um dich innerlich zu beruhigen?

Sei ganz im
Hier und Jetzt.

Übung: Den Puls spüren

Du kannst diese Übung im Sitzen, Liegen oder sogar im Stehen ausüben. Lege deine Hände vor dem Oberkörper zusammen, sodass sich die Finger der linken und der rechten Hand genau gegenüberliegen und sich die Fingerspitzen berühren.

Spüre zunächst, wie sich deine Finger und Hände anfühlen. Sind sie kalt oder warm? Kribbeln sie ein wenig? Jetzt drücke deine Fingerspitzen etwas fester gegeneinander, bis du deinen Puls in den Fingern spürst. Wenn du ihn nicht sofort bemerkst, warte ein bisschen und lass dir Zeit. Atme ganz bewusst tief ein und aus. Konzentriere dich dabei vor allem auf das längere Ausatmen. Zähle währenddessen deine Pulsschläge und versuche wahrzunehmen, ob dein Herz gerade hastig oder ganz gemächlich schlägt.

Du wirst merken, je länger du diese Übung machst, desto ruhiger wird dein Puls und desto ausgeglichener fühlst du dich. Zähle einfach mal mit und beobachte die Veränderung – wie oft pro Minute schlägt dein Herz zu Beginn und am Ende der Übung.

Trickkiste:

Auch Kaubewegungen senken dein inneres Stresslevel, da sie das Stresshormon Cortisol in deinem Körper reduzieren. Dies ist einer der Gründe, warum du vielleicht instinktiv auf Essen zurückgreifst, wenn du dich gestresst fühlst. Das kannst du jedoch auch figurfreundlich tun, z. B. durch das Knabbern von Rohkost. Möhren und Co. müssen sorgfältig gekaut werden. Dadurch wird dein Stresssystem beruhigt und du nimmst gleichzeitig wertvolle Nährstoffe auf.

Natürlich solltest du bei vermehrtem Stresshunger zusätzlich die Ursachen für dein Unwohlsein herausfinden und dagegen angehen. Kombiniertes Notieren von **Ernährung** und Stimmung kann dir dabei helfen.

Übung: Gehirnjogging

Gehirnjogging hält nicht nur deine grauen Zellen auf Trab, das konzentrierte Durchführen einer kniffeligen Übung kann dir auch dabei helfen, dein Gedankenkarussell zu unterbrechen – ganz gleich, ob es durch Druck in der Arbeit oder seelischen Stress ausgelöst wird. Atme durch und gönne dir eine Pause, indem du dein Gehirn mit der folgenden Fingerübung forderst:

Tippe mit der Spitze des rechten Daumens nacheinander an alle Fingerspitzen der gleichen Hand. Beginne mit dem Zeigefinger und führe die Übung bis zum kleinen Finger fort. Begib dich anschließend „auf den Rückweg". Mache nun das gleiche mit deiner linken Hand. Jetzt dürfen beide Hände gleichzeitig üben und wieder mit dem Antippen des Zeigefingers starten.

Beim letzten Teil wird es nun kniffelig und du hast bestimmt keine Zeit mehr, um an etwas anderes zu denken: Tippe wie zuvor mit der rechten Hand alle Finger durch und beginne wieder beim Zeigefinger. Mit der linken versuchst du es jedoch gleichzeitig in umgekehrter Reihenfolge und startest mit dem kleinen Finger.

Geschafft? Wenn es dir leicht fällt, versuche die Übung einfach eine Stufe schneller, bis all deine Gedanken verstummen und du somit deinem Kopf eine Pause gönnst.

Diese Übung ist übrigens deshalb so wirksam, weil es eine sogenannte Überkreuzübung ist, bei der die rechte und linke Gehirnhälfte synchronisiert werden. Ähnliches geschieht, wenn du gleich jetzt zwei Stifte zur Hand nimmst und mit beiden Händen gleichzeitig diese liegende Acht abfährst – mal parallel, mal entgegengesetzt, probiere es auf verschiedenste Art und Weise …

Trickkiste:

Nicht nur Gehirnjogging, vor allem körperliche Aktivität reguliert dein Stresssystem. Wenn du dich regelmäßig bewegst, fällt es deinem Körper leichter, mit Stress umzugehen, da Stresshormone abgebaut und das Herz-Kreislauf-System trainiert werden.
Und auch hier lässt sich Achtsamkeit trainieren – Yoga oder Tai Chi sind die Klassiker unter den achtsamen Sportarten. Doch du kannst auch deinen Lieblingssport intensivieren, indem du währenddessen gezielt auf deine Atmung achtest und deinen Körper ganz bewusst wahrnimmst. Vielleicht hast du schon festgestellt, dass dies oft von ganz alleine geschieht, wenn dir eine Sportart besonders viel Freude bereitet.

7.2. Stress wegklopfen

Vor allem langanhaltender Stress, beispielsweise durch Überforderung, Ängste, Krankheit oder mangelnde (Selbst-)Wertschätzung, lassen dich vergessen, dir selbst etwas Gutes zu tun. Doch gerade dann sind regelmäßige Entspannungsübungen wichtig, um Körper und Seele zu regenerieren.

Du kannst deinem Körper neue Kraft schenken, indem du mittels einer Meridian-Akupressurmassage (EFT-Klopftechnik) Stressempfindungen minderst oder sogar gänzlich auflöst. Das ist kein Hokuspokus, sondern eine mittlerweile weit verbreitete und wissenschaftlich erprobte Anti-Stress-Technik. Hast du Lust es auszuprobieren?

Überlege zunächst, was der Auslöser für deinen momentanen Stress, deinen Ärger, deine Unruhe ist, und schimpfe ruhig ein wenig über ihn:

....

....

....

....

....

....

....

```
 — 10
9 —
 — 8
7 —
 — 6
5 —
 — 4
3 —
 — 2
1 —
 — 0
```

Bewerte deinen daraus resultierenden Stress
außerdem auf einer Skala von 0 – 10 (10 ist die
Höchststufe).

Formuliere dann einen Satz, der immer nach
dem gleichen Schema aufgebaut ist, ganz
gleich, wie dein Problem aussieht: „Auch wenn
ich ... (dieses Problem habe), akzeptiere und
mag ich mich, so wie ich bin."

Bei einer Trennung könnte dieser Satz zum Beispiel so lauten: „Auch wenn er/sie mich verlassen hat und ich mich
einsam fühle, akzeptiere und mag ich mich, so wie ich bin."
Es ist wichtig, den Grund genau zu benennen und sich darüber klar zu werden, dass trotz dieser Tatsache mit dir alles
in Ordnung ist. Nicht du bist das Problem.

Und jetzt du: Wie lautet dein Satz?

....

....

....

Während du diesen Satz nun dreimal wiederholst, klopfe
mit drei Fingern mittig auf den „Karatepunkt" der anderen Hand (die seitliche Verlängerung des kleinen Fingers,
zwischen Handgelenk und Ende des kleinen Fingers).

Anschließend klopfst du jeweils fünf- bis zehnmal mit zwei bis drei Fingern sanft auf die folgenden acht Akupressurpunkte der linken und/oder rechten Körperhälfte. Wiederhole währenddessen deinen notierten Eingangssatz:

1. Anfang der Augenbraue (am Nasenbein)
2. Außenseite des Auges (Knochen am äußeren Ende des Auges)
3. Unter dem Auge (Knochen direkt unterhalb des Auges)
4. Unter der Nase (zwischen Nase und Oberlippe)
5. Kinn (Vertiefung direkt unter dem Mund)
6. Inneres Ende des Schlüsselbeins (etwa am Ansatz des Halses)
7. Seitlich unter dem Arm (ca. 10 cm unterhalb der Achsel)
8. Auf der Oberseite des Kopfes (der höchste Punkt des Schädels)

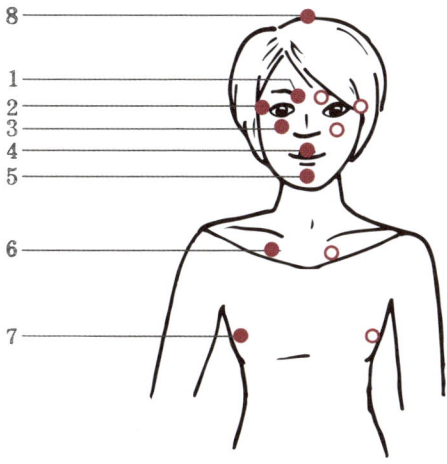

Atme abschließend einmal tief ein und löse beim Ausatmen die komplette Anspannung in deinem Körper.
Nun bewerte deinen Stress noch mal auf deiner Skala von 0 – 10 und erkunde, ob sich etwas verändert hat.

Du kannst die Übung auch wiederholen, bis du dich ruhiger und entspannter fühlst.

Trickkiste:

Auch bestimmte ätherische Öle helfen gegen Stress. Sie wirken direkt im limbischen System deines Gehirns, also dort, wo auch deine Gefühle entstehen. Eine besonders beruhigende Wirkung schreibt man Lavendel, Neroli und Sandelholz zu. Gibt man jeweils einen Tropfen davon in eine Duftlampe, entfalten sich die entspannungsfördernden Öle im Raum und du kannst im wahrsten Sinne des Wortes „tief durchatmen". Als Kissenspray können sie beim Einschlafen helfen und ein Aufguss aus Lavendelblüten eignet sich bestens als beruhigendes Feierabendgetränk. So wird die Atempause zur Aromapause.

Wenn also alle Menschen
ein Recht auf dich haben,
dann sei auch du selbst ein Mensch,
der ein Recht auf sich selbst hat.
Gönne dich dir selbst.

Bernhard von Clairvaux

7.3. Mikropausen für die Arbeit

Gerade während der Arbeitszeit ist es wichtig, sogenannte Mikropausen einzulegen. Schon ein paar Sekunden können dir helfen, deine Konzentration zu stärken und wieder bewusst im Hier und Jetzt zu sein. Es ist keinem geholfen, wenn du in deiner Arbeit versinkst und dann vielleicht vergisst, ordentlich zu essen und zu trinken.

Trickkiste:

Schon mal von der „Pomodoro-Technik" gehört? Dieser – nach einer Eieruhr in Tomatenform benannte – Zeitmanagementtipp teilt Aufgaben in kurze, überschaubare Zeitabschnitte ein: Nach einem 25-minütigen Arbeitssprint folgt jeweils eine 5-minütige Mikropause. Nach vier Pomodoro-Runden folgt eine etwas längere 15-minütige Pause, um die Konzentration zu fördern. Solch eine Arbeitseinteilung motiviert unheimlich, da die nächste Belohnung nur maximal 25 Minuten entfernt ist … Große Aufgaben können dadurch in sinnvolle Etappen eingeteilt werden und wirken weniger bedrohlich, wohingegen viele kleine Aufgaben in einem einzigen konzentrierten, ablenkungsfreien Arbeitssprint abgehakt werden können.

Kleine Pausen halten dich nicht von der Arbeit ab, sondern bewirken genau das Gegenteil: Sie helfen dir dabei, effektiver zu arbeiten und langfristig leistungsstark zu bleiben. Baue deshalb ab heute immer wieder eine der folgenden Mikropausen in deinen Arbeitsalltag ein:

- Schließe deine Augen und verdunkle sie zusätzlich mit deinen Händen. Sind deine Hände kalt, reibe sie vorher fünf Sekunden aneinander, um sie aufzuwärmen. Atme nun zehnmal tief in deinen Bauch ein. Lass dir beim Ausatmen viel Zeit. Nimm dann die Hände langsam vom Gesicht.

- Massiere deinen Kopf, indem du dir mit allen zehn Fingern in sanften, kreisenden Bewegungen durch die Haare fährst.

- Mache zehn Liegestützen gegen die Wand und wiederhole dies nach einer kurzen Pause noch einmal. Schüttle dann kräftig deine Arme und Hände aus.

- Stelle dich vor das geöffnete Fenster, fokussiere einen Punkt in der Ferne und nimm alle Geräusche deiner Umgebung achtsam wahr. Konzentriere dich auf die verschiedenen Töne und Lautstärken, ohne sie zu bewerten.

- Strecke dich im Stehen oder Sitzen genüsslich. Kreise nacheinander mit deinen Füßen, Schultern und Händen und genieße deine Beweglichkeit.

- Lege alles aus der Hand, lehne dich in deinen Stuhl zurück und trinke etwas Wasser. Stelle dir bei jedem Schluck vor, wie das Wasser deine Speiseröhre hinunterläuft und dich von innen belebt.

- Gehe achtsam zu einem Waschbecken und spüre bei jedem Schritt, wie du deine Fußsohle abrollst. Wasche dir dort deine Hände und erfrische auch dein Gesicht mit kühlem Wasser.

- Lehne deinen Kopf an der Stuhllehne oder einer Wand an und massiere mit der rechten Hand deinen linken Nacken, danach umgekehrt. Schließe dabei die Augen und atme ganz bewusst.

- Lege zwei unterschiedliche Kugelschreiber vor dich auf den Tisch und betrachte sie ganz genau. Was haben sie gemeinsam, wo unterscheiden sie sich? Überprüfe alle Details und vergleiche die beiden Stifte in Gedanken.

- Lächle, wenn du eine Aufgabe erledigt hast, und genieße diese Zufriedenheit für zwei Minuten, bevor du dich der nächsten Aufgabe widmest.

Probiere doch alle Mikropausen zumindest einmal aus.
Kreuze an, welche du bereits gemacht hast,
und notiere noch eigene Ideen, um zwischen deinen
Verpflichtungen immer wieder aufzutanken:

....

....

....

....

....

....

Trickkiste:

Wenn du an einem Computer arbeitest, stelle dir einen
motivierenden Bildschirmschoner ein. Lass dich von lustigen
Bildern, optimistischen Weisheiten oder beruhigenden
Naturbildern an deine Atempausen erinnern.

Auch eine Kreativpause bringt deine grauen
Gehirnzellen wieder in Schwung und ist
für deinen Geist eine willkommene Abwechslung.
Wann immer dir solch eine kreative
Auszeit guttun würde, lass deinen
Farbstiften freien Lauf (weitere
Vorlagen findest du online):

8. Ein Tag mit dir alleine

Achtsamkeitsübungen und die beschriebenen Mikropausen sind ein guter Weg, um dich bereits im Alltag zu regenerieren, ohne erst auf die große Erholung am Wochenende oder den nächsten Jahresurlaub warten zu müssen. Sie schenken dir die Möglichkeit, dich schon durch wenige bewusste Minuten wertzuschätzen und dich von Stress und Arbeit zu erholen.

Wenn du einmal auf den Geschmack gekommen bist, wirst du dir hoffentlich immer öfter solche Atempausen gönnen, um langfristig zufrieden und ausgeglichen zu bleiben. Neben vielen kurzen Pausen kannst du Körper und Geist jedoch auch ab und zu auf eine Ganztageskur schicken: ein ganzer Tag voller Wohlfühlmomente. Wie hört sich das an?

Ein Tag ohne Pflichten und Zeitdruck, nur das tun, wonach dir gerade ist. Klingt leichter, als es ist, denn wir sind so darauf konditioniert, die Uhr im Auge zu behalten und uns nach ihr zu richten. Umso wichtiger ist es, Zeit einzuplanen, in der du nicht auf die Uhr schauen musst. Wie wäre es mit einem Tag, an dem du ganz in deinem Rhythmus, komplett nach Lust und Laune auf deine Bedürfnisse hören kannst?

Lass dich treiben und schenke dir dieses unglaubliche Gefühl der Selbstbestimmung.

Wenn du dich
nach innen wendest,
wird sich das Geheimnis
deines Innern offenbaren.

Hui-Meng

Finde heraus, was dir Spaß und Freude macht, und verzichte dabei auf Fernseher, Smartphone und Co. Sie lenken dich nur ab – von dir selbst, von dem, was dir wirklich wichtig ist.

An diesem Tag geht es schließlich nicht um die Neuigkeiten deiner Freunde und der Welt, stattdessen dreht sich die Welt heute um dich und deine Bedürfnisse.

Vielleicht möchtest du kreativ sein, ein Buch lesen, spazieren gehen, deinen Kleiderschrank ausmisten? Oder du erlaubst dir einfach nur dazusitzen, dich und den Moment wahrzunehmen. Du darfst das! Du darfst dir Zeit nehmen, um nichts zu tun. Denn wer sagt eigentlich, dass du immer etwas erledigen musst?

Ist da vielleicht wieder die kleine Stimme in deinem Kopf, die dir weismachen möchte, dass du immer 150 Prozent geben musst, ob in der Arbeit oder zu Hause? Stopp! Wer hier spricht, bist nicht du, sondern es sind deine Erfahrungen aus der Vergangenheit. Oft ist es eine innere Angst, nicht anerkannt zu werden oder etwas falsch zu machen.

Doch sieh es einmal so: Auch ein Auto muss regelmäßig zur Hauptuntersuchung gebracht, gewartet, gepflegt und betankt werden. Sonst bleibt es irgendwann einfach stehen! Da bringt es auch nichts, das rote Warnlämpchen der Tankanzeige einfach mit dem Finger abzudecken. Der Tank wird erst wieder voll sein, wenn du dir die Zeit nimmst, an die Tankstelle zu fahren.

Das gilt auch für dich: Auftanken ist wichtig.

Die 24-Stunden-Auszeit

Anfangs kann es schwer fallen, ganz ohne Planung in einen „Tag mit dir selbst" zu starten. Überlege dir deshalb vorher, wie dein optimaler Tag aussehen würde, wenn du die freie Wahl hättest: Was willst du tun? Was macht dir Spaß? Was gibt dir Kraft? Gab es früher schon einmal einen solchen Tag? Notiere dabei bitte auch ganz konkret, wie du in deinen Tag starten und ihn beenden möchtest. Wann wäre deine optimale Zubettgehzeit? Je mehr Details, desto besser …

....

....

....

....

....

....

....

....

....

....

....

....

Trickkiste

Wenn es dir nicht möglich ist, einen kompletten Tag „zeitlos" zu verbringen, freue dich über kleine Erfolge. Schlafe
beispielsweise mal aus, ohne den Wecker zu stellen, oder
wähle gezielt einen Zeitraum, in dem du „zeitlos" sein
möchtest. Stelle dir dafür in zwei bis drei Stunden einen
Wecker und versuche, bis dahin kein einziges Mal auf die
Uhr zu sehen.

Wenn man die Ruhe
nicht in sich selbst findet,
ist es umsonst,
sie anderswo zu suchen.

François de la Rochefoucauld

Was hindert dich bisher daran,
deinen perfekten Tag wahr werden zu lassen?
Schreib auf, ob dich innerlich etwas blockiert, oder
welche äußeren Bedingungen dich davon abhalten.

....

....

....

....

....

Welche konkreten Maßnahmen sind nötig,
damit du dir diesen Freiraum dennoch nehmen kannst
(z. B. Kinderbetreuung, Urlaubsantrag, etc.)?

....

....

....

....

....

Gibt es einen Menschen, der dich bei deinem Projekt
„Mein Tag für mich" unterstützen kann?
Jemand, der weiß, wie man sich selbst wertschätzt
und verwöhnt? Wer könnte dieses „Vorbild" sein?

....

Es kann sehr motivierend sein, im Hinterkopf zu behalten,
mit welcher Selbstverständlichkeit die- oder derjenige solch
eine „24-Stunden-Auszeit" angehen würde ...

Überlege nun, wie genau dir dieser Mensch
bei der Umsetzung helfen könnte:

....

....

....

....

....

....

....

Und jetzt das Wichtigste:
Wann gönnst du dir deinen Tag?

Datum: ....

Ziehe an deinem ausgewählten Datum gleich einen dicken Strich in deinem Kalender. Hier ist kein Platz für Termine, sondern nur für dich!

Trickkiste

Manchmal ist es schwer, alle Wünsche auch wirklich umzusetzen. Verwirf deine Ideen nicht gleich wieder, sondern überlege, wie du deinem Ziel ein gutes Stück näher kommen kannst, auch wenn du es nicht zu 100 Prozent erreichst. Sei dir sicher, auch 80 Prozent fühlen sich schon unheimlich gut an! Wenn es mit einem langersehnten Tag im Wellness-Hotel nicht klappt, gönn dir zu Hause ein Fußbad, eine Pflegemaske und eine Obstplatte. Wenn dir Wasser beim Entspannen hilft und das Meer zu weit weg ist, fahr an einen nahegelegenen Fluss oder See ...
Es geht darum, dass du dir etwas Gutes tust, auf dich und deine Bedürfnisse hörst, dich vielleicht auch nur ein bisschen besser kennenlernst, wenn die Ablenkungen und Verpflichtungen an diesem Tag mal Pause haben.

Niemals bin ich weniger müßig
als in meinen Mußestunden
und niemals weniger einsam,
als wenn ich allein bin.

Cicero

9. Rituale

Rituale begleiten uns in unserem täglichen Leben und sind nicht nur für Kinder wichtig: Von der Tasse Kaffee, die man sich morgens macht, über lieb gewordene Traditionen – Rituale schaffen Halt und Orientierung und geben uns das Gefühl von Struktur. Vor allem aber helfen uns Rituale, am Ball zu bleiben, wenn wir eine neue Gewohnheit zum festen Bestandteil unseres Lebens machen möchten.

9.1. Die Macht der Gewohnheit

Schon in den ersten Jahren deines Lebens wirst du stark von deinem Umfeld geprägt und lernst etwa, was als richtig und was als falsch gilt. Dein soziales Umfeld, also deine Familie und auch Freunde, prägen dich nachhaltig. Gewohnheiten und deine Art, in bestimmten Situationen zu reagieren, lernst du bereits in deiner Kindheit. Da sie damals für dich funktioniert haben und effektiv waren, behältst du sie unbewusst bei.

Diese Verhaltensweisen können sehr nützlich sein, manchmal hindern sie dich jedoch auch daran, dich bewusst und selbstbestimmt für oder gegen etwas zu entscheiden. Stattdessen läuft eine Handlung oft automatisch ab.

Wäre es nicht wunderbar, wenn du irgendwann ebenso automatisch deine Achtsamkeitsübungen und Anti-Stress-Tricks anwenden würdest? Ohne groß darüber nachzudenken.

Das kannst du schaffen!

Stell dir noch heute dein persönliches Wohlfühl-Ritual zusammen und lasse es dank regelmäßiger, bewusster Wiederholung zu deiner Gewohnheit werden. Wie wäre es gleich hiermit …

Übung: Dankbarkeitsritual

Die einen sammeln Rezepte, die anderen Bücher oder Tassen. Doch weshalb? Weil es ein Gefühl von Zufriedenheit und Erfolg über das Gesammelte schenkt.
Warum also nicht mal jeden Abend deine „Momente der Dankbarkeit" sammeln?

Du wirst nicht nur leichter in den Tag starten oder besser einschlafen können, wenn du dir vor dem Schlafengehen die angenehmen Dinge in deinem Leben bewusst machst! Du wirst dadurch deine allgemeine Zufriedenheit im Leben steigern – da ist sich die Glücksforschung einig.

Mache es dir also zur Gewohnheit, dir jeden Morgen oder kurz vor dem Einschlafen noch fünf bis zehn Minuten Zeit für dich zu nehmen. Setze dich bequem auf dein Bett und nimm für den Anfang dieses Buch zur Hand. Wenn dir dieses Gute-Nacht-Ritual gefällt, besorgst du dir am besten ein zusätzliches Glückstagebuch dafür oder sammelst deine schönen Momente auf Zetteln in einem großen Einmachglas.

Überlege dir nun, für was du heute dankbar bist.

Was ist dir heute gut gelungen? Was hat dich zufrieden gemacht oder dir ein Glücksgefühl geschenkt? Ein leckeres Abendessen, ein Regenbogen, eine erledigte Aufgabe, ein gutes Gespräch mit einem Kollegen?

Du kannst alles aufschreiben, was dir in den Sinn kommt. Beginne immer mit „Ich bin dankbar, dass ich heute …"

Lass deine Liste jeden Abend um mindestens einen Punkt anwachsen, denn auch alltägliche Dinge sind es wert, dass man für sie dankbar ist.

Ich bin dankbar, dass ich heute …

....

....

....

....

....

....

....

Trickkiste

Du kannst auch deinen Mitmenschen helfen, ihre Gedanken
auf das Positive im Leben zu richten. Das kann etwa im
Kreis deiner Freunde oder Familie sein, vielleicht abends
mit den Kindern oder auch in der Arbeit.

Übung: Dankbarkeit verankern

Gibt es ein Ereignis in deinem Leben, für das du ganz besonders dankbar bist? Was ist es?

....

....

....

Erlebe diesen dankbaren Moment in Gedanken noch einmal
ganz genau: Was hast du damals gesehen? Wie war das
Wetter? Was hattest du an? Welcher Duft lag in der Luft?
Was konntest du hören? Welche Details fallen dir noch ein?

....

....

....

....

....

....

....

....

Schließe jetzt gleich deine Augen und genieße diesen
Moment noch einmal in vollen Zügen. Spüre die Dankbarkeit für diese Situation in deinem Körper erneut aufleben
und beobachte: Wie fühlt sich dieses Glücksgefühl an?
Wo genau spürst du die Freude in dir?

Wenn du ganz in der Situation und deinem Gefühl angekommen bist, kannst du deine Dankbarkeit fest in dir verankern, indem du dir einen körperlichen „Anker" setzt. Dies
geschieht, wenn du ein paar Sekunden eine Stelle an deinem
Körper drückst, die du normalerweise selten berührst –
etwa den Fingernagel deines linken, kleinen Fingers.

Nach dem Druck auf deine gewünschte Körperstelle, solltest
du sofort die Augen öffnen und dich gefühlsmäßig aus der
Erinnerung lösen, indem du z. B. überlegst, was du gestern
zu Abend gegessen hast.

Nun kannst du das schöne Gefühl dieser Situation durch den
Druck deines Ankerpunktes jederzeit völlig unkompliziert
hervorrufen und genießen – wann immer dir gerade eine
Portion Dankbarkeit und gute Laune guttun würde.

Das Glück beginnt,
wo man die Zeit vergisst.

9.2. Abendrituale

Wie lange brauchst du am Ende eines Tages, um auch gedanklich wirklich abzuschalten? Grübelst du oft noch über etwas, das nicht geklappt hat? Fragst du dich, ob du heute alles richtig gemacht hast?

Du hast jetzt frei!

Also befreie auch deinen Kopf von den Geschehnissen und Pflichten des Tages. Es gibt die verschiedensten Abendrituale, mit denen du zur Ruhe kommen kannst. Es ist wichtig, dass du etwas findest, das zu dir passt und sich für dich gut anfühlt.

Bist du beispielsweise ein/e echte/r Teeliebhaber/in, könnte dein Ritual so aussehen: Schalte das Handy/Telefon und jede Ablenkung ab, bereite dir eine Tasse Tee zu, zieh dir etwas Bequemes an und setze dich an den gemütlichsten Ort in deinem Zuhause. Trinke nun genüsslich deinen Tee, spüre die warme Tasse in deinen Händen, atme den Duft tief ein und fühle, wie der Tee dich von innen wärmt.

Genieße diesen Moment ganz bewusst und mit all deinen Sinnen.

Übung: Tanz dich frei

Wenn du das Gefühl hast, dass du zu aufgedreht bist, um dich mit einer Tasse Tee auf das Sofa zu kuscheln, probiere es mit einem anderen Ritual, zum Beispiel:

Lege deine Lieblingsmusik auf und tanze dir all deine Sorgen von der Seele. Wenn die Kinder oder der Partner schon zu Hause warten, kein Problem! Tanzt gemeinsam und spürt die Unbeschwertheit des Moments. Jetzt zählen nur die Musik und dieser Augenblick!

Notiere dir hier deine fünf Lieblingslieder –
deine persönliche „Gute-Laune-Hitliste":

....

....

....

....

....

Übung: Neue Wege gehen

Es kann auch mal sein, dass zu Hause schon die nächsten Verpflichtungen warten und du dadurch für dein geplantes Abendritual keine Zeit hast. Dann nutze deinen Heimweg und lege beispielsweise einen Zwischenstopp in einem Park ein oder schlendere durch eine Straße, die du noch nicht kennst. Du findest bestimmt eine Möglichkeit, wie du deine täglichen Wege für dich und deine Bedürfnisse nutzen kannst.

Vielleicht steigst du auch eine Haltestelle früher aus und ergreifst die Chance, nicht nur deinem Geist, sondern auch deinem Körper etwas Gutes zu tun. Denn körperliche Aktivität steigert die Sauerstoffzufuhr im Gehirn und bringt deine müden Knochen in Schwung.

Englische Forscher haben herausgefunden, dass bereits die ersten fünf Minuten in der Natur einen positiven Einfluss auf Stimmung und Selbstwertgefühl haben. Also raus ins Grüne mit dir!

Überlege dir, wie du auf dem Heimweg körperlich aktiv
werden oder anderweitig entspannen könntest
(Wo? Wie? Wann? Wie oft? Mit wem?):

....

....

....

....

....

....

....

....

....

....

....

....

Sei auch wirklich bereit für dein Vorhaben, indem du beispielsweise bequeme Schuhe anziehst oder zum Wechseln
mitnimmst.

Das kannst du für dein Ritual vorbereiten:

....

....

....

Jetzt darfst du dich entscheiden ... Welches Ritual sagt
dir am meisten zu? Das Dankbarkeitsritual oder eines
der Abendrituale? Oder hast du vielleicht noch eine völlig
andere Idee, z. B. täglich fünf Minuten Morgengymnastik?

Welcher Entspannungsgewohnheit gibst du ab heute die
Chance zum festen Bestandteil deines Alltags zu werden?

....

....

....

....

9.3. Medien-Challenge

In Deutschland sehen die Menschen durchschnittlich
jeden Tag mehr als 3,5 Stunden fern. Wie ist das bei dir?
Bist du dir über die Intensität deines Fernsehverhaltens
bewusst? Falls du deine Abende häufig vor dem Fernseher verbringst, kannst du ein Experiment wagen:
Wähle in den nächsten zwei Wochen ganz gezielt aus,
was du dir ansiehst, und vermeide Sendungen, die sich
um Gewalt, Aggressivität, Skandale, Streitereien und
dergleichen drehen. Da fällt so einiges aus dem Pro-
gramm, das künftig dein Stresssystem nicht mehr zusätzlich belastet.
Vielleicht bist du der Meinung, dass du sehr wohl zwischen
Fiktion und Realität unterscheiden kannst und dir somit
zum Beispiel gewalttätige Filmszenen nichts anhaben
können. Doch dein Unterbewusstsein kann dies nicht.
Beim Zuschauen werden im Gehirn fast identische Areale
aktiviert, wie wenn du dich selbst in dieser Gefahren-
situation befinden würdest. Das bedeutet für deinen
Körper Stress pur und stellt daher das genaue Gegenteil
einer Atempause dar.
Es ist also eine Überlegung wert: Welche Sendungen tun dir
tatsächlich gut und welche nicht?

91

Wie viel Zeit verbringst du in der Regel
jeden Tag mit den folgenden Medien:

TV, Video-Streaming o. Ä.: .... h/min

Social Media + WWW: .... h/min

Messenger + E-Mails: .... h/min

Telefonate: .... h/min

Sonstiges: .... h/min

SUMME pro Tag: ....h/min

Dein Challenge-Ziel ist es, für 28 Tage deine Medien-Zeit zu
halbieren: .... h/min

Behalte also die nächsten Tage im Auge, wie viel kost-
bare Zeit du diesen Medien widmest, und plane gezielt
Medien-freie Zeit ein, bzw. setze dir klare Endpunkte,
wann beispielsweise das Smartphone wieder aus der
Hand gelegt wird. Ziel erreicht? Bitte hier abhaken
oder in deinem Kalender eine Notiz hinzufügen:

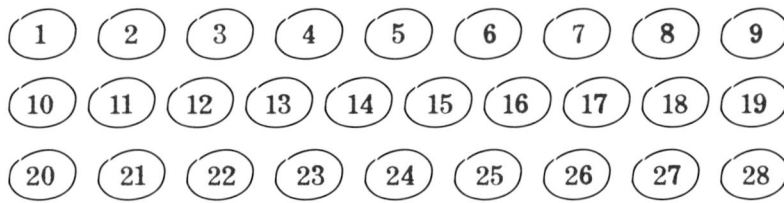

Die Schönheit
der Welt ist
für den ruhigen Genuss
geschaffen.

Johann Gottfried Herder

10. Zeit und Raum für dich schaffen

Damit sich neue Gewohnheiten wie ein Abendritual festigen, helfen regelmäßiges Training und ein Umfeld, das dich bei deinem Ziel unterstützt.

Das können Menschen sein, die dich erinnern, dir Zeit für dich zu nehmen. Auch dein Zuhause oder andere Orte, an denen du täglich viele Stunden verbringst, können diese Rolle übernehmen.

Denn die Redewendung „aus den Augen, aus dem Sinn" gilt auch umgekehrt: „in den Augen, in den Sinn".

Wer oder was könnte dich also zu Hause oder an deinem Arbeitsplatz daran erinnern, regelmäßig eine Pause einzulegen, langsamer zu machen, Kraft zu tanken? Hast du spontan eine Idee?

....

....

....

....

10.1. Wohlfühlecke

Gibt es in deinem Zuhause bereits einen Ort, an dem du dich so richtig wohlfühlst? Einen Raum oder eine Ecke, die dir schon beim Anblick ein beruhigendes Gefühl schenkt? Genau solche Oasen sind wichtig, denn sie können dich zum Innehalten einladen und an deine Pausen erinnern. Falls du noch keine Wohlfühlecke hast, wäre es gut, wenn du dir eine gestaltest. Manchmal reichen schon ein gemütlicher Sessel mit einem weichen Kissen und ein kleiner Beistelltisch mit einer Duftöllampe darauf aus.

Wenn du ein bestimmtes Zimmer, beispielsweise das Schlafzimmer, zum Ruhepol deines Zuhauses machen möchtest, achte darauf, dass sich dort keine Gegenstände befinden, die dich an Pflichten oder Arbeit erinnern. Staubsauger, Bügelbrett oder Computer brauchen dann einen neuen Platz. Stattdessen findest du dort deine Lieblingsbücher, Fotos von erholsamen Momenten, warmes Licht – eben einladende Gemütlichkeit.

Wo ist deine Wohlfühlecke? Oder wo könnte sie sein?

....

....

Welche Veränderungen sind nötig, damit du dich
dort rundum wohlfühlst?
Hier kannst du deine Ideen sammeln, vielleicht
etwas einkleben, das du in einer Zeitschrift oder
einem Katalog gesehen hast, und so deine
Wohlfühlecke schon in Gedanken gestalten:

10.2. Stopp-Schild

Auch Stopp-Schilder können dich an dein Vorhaben „mehr Zeit für mich" erinnern. Dafür bastelst du dir am besten richtige kleine Stopp-Schilder – aus Karton oder aus dem Internet ausgedruckt. Wann immer dein Blick auf ein Schild fällt, ist es eine kleine Aufforderung, dir eine Pause zu gönnen und dein Gedankenkarussell zum Stillstand zu bringen.

Was soll auf deinem Stopp-Schild zu lesen sein? „Stopp", „Mach mal Pause!", „ICH-Zeit!", „Jetzt bin ich dran!" oder etwas ganz anderes?

....

....

Wo könntest du die Stopp-Schilder platzieren? In deinem Geldbeutel oder Terminkalender? An deinem Arbeitsplatz?

....

....

10.3. Verabredungen nutzen

Wie oft sitzt du in einem belebten Café, unterhältst dich und die Zeit vergeht wie im Flug? Am Ende eures Treffens trittst du müde den Heimweg an und bemerkst, dass ein weiterer Tag vorüber ist, an dem du nicht das getan hast, was dir auch körperlich neue Kraft geschenkt hätte. Entgegen deiner Vorsätze hast du dir vielleicht wieder einmal keine frische Luft und Zeit in der Natur gegönnt oder warst körperlich kaum aktiv.

Das Schöne ist, du musst dich gar nicht zwischen einem Treffen und einer Pause an der frischen Luft entscheiden! Du kannst beides haben – gleichzeitig! Bevor du einem nächsten Treffen zusagst, frage dich, wozu du selber eigentlich Lust hättest? Ein gemeinsamer Spaziergang im Wald, ein Picknick am See oder am Wochenende auch mal ein Ausflug in die Berge?

Du darfst zu deinen Bedürfnissen stehen.

Daher: Verabrede dich nächstes Mal nicht in irgendeinem Café oder Restaurant um die Ecke, nur weil es so praktisch ist oder ihr das eben immer so macht.

Es ist Zeit für Veränderung, es ist Zeit für eine gemeinsame Pause, die dir am Ende des Tages ein richtig gutes Gefühl schenkt!

Trickkiste:

Gehst du regelmäßig mit Kollegen zum Mittagessen? Nutze diese Mittagspause, um auch deine Arbeit pausieren zu lassen. Übernimm die Regie und stoße ein Gespräch über private Dinge an:

Wie war euer Wochenende, was stellt ihr mit dem heutigen Feierabend noch an? Lenke das Gespräch weg von Arbeitsthemen, denn jetzt hast du frei! Also mache auch deinen Kopf frei von Kundenanliegen, Arbeitsprojekten oder Abgabefristen. Auf diese Weise kannst du dich in deiner Mittagspause besser regenerieren und gleichzeitig du selbst sein – weil du selbstbestimmt gehandelt hast.

Nachgefragt

An welchen Orten, würdest du dich gerne verabreden, um was zu tun und mit wem?

Wo? ....

Was? ....

Mit wem? ....

Nimm dir Zeit für dich.

10.4. Prioritäten setzen

Für viele ist Nein-Sagen eine große Herausforderung. Die Vorstellung, den anderen vor den Kopf zu stoßen und sich unbeliebt zu machen, ist unangenehm. Doch du kannst es lernen und dir mithilfe einer Prioritätenliste klar darüber werden, was du willst und was nicht.

Oft ist es nicht nur ein Hamsterrad aus beruflichen oder häuslichen Pflichten, auch Freizeitstress kann dich ganz schön auf Trab halten. Doch bis wohin ist es eine angenehme und bereichernde Freizeitaktivität und ab wann empfindest du Stress dabei?

Halte auf den nächsten Seiten deine Freizeitaktivitäten fest, die du innerhalb der letzten vier Wochen unternommen hast. Vielleicht hilft es dir, wenn du dazu einen Blick in deinen Terminkalender wirfst.

Markiere im zweiten Schritt deine echten Wohlfühlmomente, also die Vergnügungen, die du auf keinen Fall missen möchtest. Ergänze dann Aktivitäten, die dir zwar Freude und neue Kraft schenken würden, die aber in den letzten vier Wochen eindeutig zu kurz gekommen sind.

Deine Freizeitaktivitäten der letzten vier Wochen – echte
Wohlfühlmomente bitte markieren:

....

....

....

....

....

....

....

....

Das hast du nicht unternommen, obwohl es dir guttut:

....

....

....

....

Achte in den folgenden vier Wochen darauf, den markierten Aktivitäten genügend Zeit und Raum zu lassen. Vermeide es, dir deine kostbaren freien Stunden und Minuten von eigentlich unliebsamen Zeitfressern klauen zu lassen.

Am besten planst du die dir wichtigen Punkte ein paar Tage im Voraus. Trage sie dafür fix in deinen Kalender ein, sodass du sie nicht vergisst. Oft werden sie nämlich von vermeintlich Dringlicherem oder Unvorhergesehenem verdrängt, obwohl sie auf deiner Prioritätenliste viel weiter oben stehen.

10.5. Zeit- und Energieräuber entlarven

Nicht nur Freizeitstress oder unliebsame Aktivitäten können dich Zeit und Kraft kosten. Auch in deinem Freundes- und Bekanntenkreis solltest du ab und zu genauer hinsehen: Welche Menschen geben dir die Möglichkeit, du selbst zu sein? Mit wem kannst du vielleicht sogar gemeinsame Pausen einlegen? Wer kostet dich eher Zeit und Nerven? Natürlich geht es in einer Freundschaft auch darum, in schlechten Zeiten füreinander da zu sein, doch wem kannst du helfen, wenn irgendwann keine Kraft mehr zum Weitergeben übrig ist?

Du kannst aufmerksamkeitsbedürftigen Mitmenschen auch Trost oder Verständnis schenken, ohne dabei selbst zu kurz zu kommen. Beschränke deine Zeit mit ihnen einfach auf ein bestimmtes Maß. Manchmal musst du auch akzeptieren, dass du den Bedürfnissen bestimmter Menschen nie gerecht werden kannst – ganz gleich, wie viel Zeit du ihnen schenkst.

Bist du der Meinung, dass gar nicht so viele Menschen in deinem Leben auf dich zählen, sodass es ein Klacks sein sollte, sich vor Zeiträubern zu schützen?
Dann wirst du bestimmt gleich ziemlich überrascht über die Ergebnisse deines „Rollen-Checks" sein. Er zeigt dir bildlich auf, in welchen verschiedenen Rollen du im „Theaterstück des Lebens" spielst. Zahlreiche Nebenrollen buhlen um deine begrenzte Zeit und lassen dich leicht deine eigentliche Hauptrolle vergessen: Du selbst zu sein.

10.6. Check: Du und deine Rollen

Jeder besetzt in seinem Leben zahlreiche „Rollen": Man ist Chef oder Angestellte(r), Kunde oder Dienstleister, Mutter und/oder Tochter, Vater und/oder Sohn …
Werde dir bewusst, in wie vielen Rollen du tatsächlich steckst, und hinterfrage, ob vielleicht eine Nebenrolle dabei ist, in die du etwas weniger Zeit stecken könntest. Erfüllst du all diese Rollen, weil du es willst oder weil du es musst?

Sind deine Prioritäten richtig gesetzt? Der folgende Rollen-Check hilft dir bei der Antwort auf diese Fragen:

1. Benenne alle Kreise mit einer Rolle, die du in deinem Leben besetzt, und füge bei Bedarf weitere Kreise hinzu (z. B. Ich bin Frau/Mann, Mutter/Vater, Partner/in, Freund/in, Kollege/in, Angestellte/r, Patient/in, Tanzpartner/in, Nachbar/in, Herrchen/Frauchen, etc.)

2. Markiere zunächst alle Rollen grün, die du zum Großteil wirklich gerne auslebst, weil du auch selber Freude daraus ziehst. Welche „Nebenrollen" sind das?

3. Nun kennzeichne die Rollen rot, die momentan besonders zeitintensiv sind, und überprüfe, ob du auch der Ich-Rolle (Körperpflege, Schlafen, Hobbys, etc.) genügend Aufmerksamkeit und Zeit schenkst.

4. Frage dich: Was kann ich tun, um mehr Zeit für mich und meine „Lieblingsnebenrollen" zu haben? Welche Rollen könnte oder würde ich gerne zeitlich reduzieren oder gar streichen?

....

....

....

....

....

....

Streiche sie bitte auch oben in deiner Rollen-Sammlung durch oder kennzeichne sie z. B. mit einem Blitz.

5. Du gewinnst nicht nur Zeit für dich, wenn du Rollen streichst oder reduzierst. Besonders geschickt ist es, wenn du (Lieblings-) Rollen mit Aktivitäten verknüpfst, die dir selber wichtig sind (siehe auch „Verabredungen nutzen" auf Seite 98).

Welche Rollen lassen sich also wunderbar mit der „Ich-Rolle" vereinbaren? In welcher Rolle kannst du mit jemandem gemeinsam etwas unternehmen, das gleichzeitig deinen persönlichen Werten und Bedürfnissen entspricht? Wie wäre es etwa anstelle eines Telefonats mit einer Freundin mit einem gemeinsamen Spaziergang?

....

....

....

....

....

....

Verbinde bitte auch in deiner Rollenübersicht diese Rollen miteinander.

Wir sind nicht nur
verantwortlich für das,
was wir tun,
sondern auch für das,
was wir nicht tun.

Molière

6. Notiere zu guter Letzt bitte noch die Menschen, denen
du – neben dir selbst – am liebsten deine Zeit schenken
möchtest, z. B. weil sie dich brauchen und dir wichtig
sind oder weil dir ihre Gesellschaft einfach guttut.

Mit diesen Menschen verbringe ich künftig vorwiegend
meine Zeit – sie haben Priorität gegenüber anderen:

....

....

....

Vielleicht findest du den Gedanken, deine Bekannten, Freunde
und vielleicht auch Familienangehörige zu „priorisieren"
zunächst etwas befremdlich. Doch es geht hier nicht darum,
andere Menschen abzuwerten, sondern darum, auf sich und
die eigenen Energiereserven aufzupassen. Du kannst aus
bestimmten zwischenmenschlichen Beziehungen die nötige
Kraft für andere unabwendbare Rollen schöpfen. Außerdem werden wertvolle Mitmenschen auf diese Weise im
Durcheinander deiner vielen Rollen nicht vergessen. Du
wirst dich zufriedener fühlen und davon profitieren letzt-
lich alle Menschen in deinem Umfeld. Ist es nicht so?

11. Umgang mit Störenfrieden

Auf deinem Weg zu mehr Zeit für dich selbst wird es hier und da Stolpersteine geben. Selbst wenn du deine Prioritäten richtig setzt, wirst du wahrscheinlich trotzdem hin und wieder den Eindruck haben, dass dir einfach nicht genügend Zeit für Entspannungsphasen bleibt. Auch Antriebslosigkeit, der kleine Saboteur in deinem Kopf oder äußere Umstände, wie der plötzlich einsetzende Rasenmäher des Nachbarn, können dir bei deinen Ruhepausen unvorhergesehen im Weg stehen.

Sie sind wie ein kleiner Kieselstein im Schuh, während du fröhlich dahinspazierst. Du bemerkst, dass dich etwas stört, doch du setzt beharrlich deinen Weg fort und versuchst, den Druck an deinem Fuß einfach zu ignorieren, statt eine kurze Pause einzulegen und nachzusehen, was da drückt. Mal ehrlich, läuft es sich nicht angenehmer, wenn du dir kurz Zeit nimmst, das Steinchen zu entfernen?

Dann werde aktiv und beseitige dieses störende Steinchen aus deinem eigentlich bequemen Schuh – den Störfaktor, der dich davon abhält, deine Wohlfühlmomente voll und ganz zu genießen.

Was ist dein persönlicher, größter Störenfried?
Warum fällt es dir manchmal schwer abzuschalten,
aufzutanken und durchzuatmen, obwohl du
eigentlich gerade Zeit dafür hättest?

....

....

....

....

....

....

....

....

....

....

....

11.1. Störende Gedanken

Stell dir vor, du sitzt in einem Konzert. Du hast dich schon lange darauf gefreut und lauschst der Musik. Du möchtest diesen Moment so richtig genießen, doch du schaffst es nicht, weil du innerlich unruhig bist. Du ärgerst dich über dich selbst und schwankst zwischen belastenden Grübeleien über eine aktuelle Lebenssituation und kränkenden Selbstvorwürfen hin und her: „Warum kann ich nicht mal jetzt abschalten? Ich habe mich doch schon so lange darauf gefreut. Ich vermassle mir mal wieder alles selbst! Aber eigentlich ist dies oder jenes ja schuld ... Wenn ich dieses Problem nicht hätte, könnte ich bestimmt auch entspannen." Kennst du das?

Du hast in den vorigen Kapiteln einige Ideen bekommen, wie du mit Achtsamkeitsübungen und Mikropausen deine Aufmerksamkeit weg von negativen Gedanken hin zum gegenwärtigen Moment lenken kannst.

Doch damit du diese Gedanken nicht immer nur beiseiteschiebst, sondern sie wirklich in den Griff bekommst, ist eines wichtig:

Du musst die Gedanken und Gefühle zulassen.

Nimm einen tiefen Atemzug und lasse deinen Ärger zu. Schiebe ihn nicht weg, weil du eigentlich keine Lust darauf hast – davon wird der Ärger nicht weniger.

Probiere mal etwas Neues: Du heißt deine negativen Gedanken willkommen, du lässt sie zu und spürst, welche Gefühle sie in dir auslösen, anstatt sie zu verdrängen.

All das darf da sein.

Hast du auch in diesem Moment störende Gedanken oder Gefühle? Falls ja, nimm sie wahr und schreibe sie hier auf:

....

....

....

....

....

....

....

....

Erkenne diese Gedanken und Gefühle als wichtige Signale an, die dir aufzeigen, dass hier gerade etwas schief läuft oder dir etwas Kraft raubt …

Sobald du dies wahrnimmst, hast du drei Möglichkeiten, dein Unwohlsein zu beenden:

1. Verändere selbst deine Situation zum Positiven.
2. Akzeptiere die Situation voll und ganz, so wie sie ist.
3. Lasse den Auslöser hinter dir und schlage einen komplett neuen Weg ein.

Wenn du dich in einer Situation befindest, die belastende Gefühle und Gedanken in dir hervorruft, und du bleibst darin, dann kostet dich das nur wertvolle Energie. Das stellt das genaue Gegenteil einer Pause dar.

Wenn diese Gefühle und Gedanken jedoch mit einer Situation zu tun haben, die du nicht sofort verändern, akzeptieren oder verlassen kannst, dann gehe wie folgt vor:

1. Lass deine Gedanken und die dazugehörigen Gefühle zu und ärgere dich nicht über sie.

2. Wenn sie sich dadurch nicht komplett auflösen, rufe innerlich „Stopp!". Wenn es dir möglich ist, stampfe fest mit dem Fuß auf den Boden.

3. Nun setze ihnen einen Termin, zu dem sie wiederkommen dürfen. Überlege dir, wann du dich mit dem Auslöser dieser Gedanken auseinandersetzen kannst. Verabrede dich zu einem „Grübeldate", denn es ist wichtig zuzuhören, was dir diese Signale sagen wollen – aber eben nicht jetzt! Jetzt genießt du deine Atempause, dein Konzert, deinen Kinofilm, deinen Schlaf, deinen Malkurs …

4. Gehe deinen störenden Gedanken bei deinem „Grübeldate" gezielt auf den Grund. Nimm dir ausreichend Zeit dafür – sie ist gut investiert, denn nur so kannst du verhindern, dass die negativen Gedanken und Gefühle ständig wiederkehren.

Wenn du dir sehr schwer tust, das ursächliche Problem anzunehmen, zu verändern oder hinter dir zu lassen, hole dir zusätzliche Unterstützung von Experten (z.B. psychologische Beratung, Kurse oder Coaching-Bücher).

11.2. Antriebslosigkeit

„Der innere Schweinehund ist einfach zu groß ... Warum soll ich mich dazu zwingen? Ich weiß ja, dass es mir eigentlich guttun würde, aber es macht mir eben keinen Spaß!"

Welche Motivation steckt hinter dieser Aussage? Möchtest du langfristig gesund und ausgeglichen sein? Vital und leistungsfähig? Möchtest du vorankommen?

Wenn dein innerer Zweifler dich mal wieder von deiner Zeit für dich abhalten möchte, dann mache dir stets zwei Dinge bewusst:

1. Du brauchst keinen großen Aufwand zu betreiben, um dir etwas Gutes zu tun. Die letzten Kapitel haben dir zahlreiche Wege aufgezeigt, wie du innerhalb von wenigen Minuten dein Wohlbefinden steigern kannst. Sogar wie du während alltäglicher Aktivitäten achtsam den Moment wahrnehmen und somit dein Leben entschleunigen und zugleich beleben kannst. All das bringt dich einem zufriedenen, bewussten und selbstbestimmten Alltag einen entscheidenden Schritt näher.
Selbst wenn dir dieser Zusammenhang anfänglich noch nicht ganz einleuchten mag, wirst du bald merken, wie Entschleunigung und Achtsamkeit deine Zufriedenheit steigern.

2. Sei dir außerdem immer über deine übergeordneten Ziele im Klaren (siehe Seite 24). Manchmal bringen gewisse Veränderungen im Leben kurzfristig erst einen Nachteil. Doch wenn du dein langfristiges Ziel dabei nicht aus den Augen verlierst, kannst du dich dazu motivieren, dennoch durchzuhalten und diesen Nachteil zunächst hinzunehmen. Schließlich wirst du am Ende dafür belohnt! Ein Beispiel: Wenn du eine körperliche Einschränkung hast und deshalb zur Physiotherapie musst, macht es auch keinen Spaß, dort nach der Arbeit noch hinzugehen und Übungen zu machen, die vielleicht eher unangenehm sind.

*Doch was dich antreibt,
ist das erwartete Ergebnis.*

Mit zunehmendem Erfolg spürst du die Regeneration deines Körpers, seine Beweglichkeit, den Nicht-Schmerz. Die Übungen bringen plötzlich eine gewisse Freude, weil sie dich an deinen Fortschritt erinnern und an die mögliche Unbeschwertheit am Ende deines Weges.

Übung:
Bäumchen schüttle dich

Kommst du schon morgens kaum in die Gänge oder bist nach einem langen Tag nicht mehr von der Couch zu bekommen? Dann aktiviere Körper und Geist mit dieser simplen Übung: Schüttle und rüttle dich!

Stelle dich dafür aufrecht hin. Deine Beine sind schulterbreit geöffnet, deine Knie leicht gebeugt. Nun beginne, vorsichtig mit den Knien zu wippen. Schüttle gleichzeitig deine Arme und Hände so vor dir aus, als ob du all deine Müdigkeit, deine Sorgen und Belastungen von dir abschütteln könntest. Versuche nicht, dich zwanghaft zu bewegen, sondern lass deinen Körper von alleine seinen Rhythmus finden. Diese Schüttelübung kannst du auch zu einer aktivierenden Musik machen.

Du bestehst zu 40 bis 60 Prozent aus Wasser. Was meinst du, wie du deinen Körper durch ein wenig Rütteln und Schütteln in Schwung versetzen kannst?

Bringe jede einzelne Zelle deines Körpers in Bewegung und aktiviere damit auch sanft deinen Herzschlag und deine Atmung.

Nach etwa fünf Minuten (gerne auch länger) beendest du den aktiven Part dieser Übung. Du setzt oder stellst dich dafür einfach nur bequem hin und spürst weitere zwei bis drei Minuten in deinen Körper hinein.

Vielleicht musst du sogar lachen, wenn du diese Übung zum ersten Mal durchführst, denn es wird sich im ganzen Körper ein deutliches Kribbeln bemerkbar machen. Du spürst regelrecht das Leben in dir und kannst nun voller neuer Energie deinen Tag fortführen.

Diese Übung kannst du natürlich auch machen, bevor deine Energie auf dem Tiefpunkt ist, beispielsweise als Mikropause zwischen zwei Aufgaben oder als regelmäßiges, erfrischendes Morgenritual.

Wer auf seine
innere Stimme hören kann,
für den hat der Lärm
dieser Welt keine Macht.

Carol Ann Hierl

11.3. Äußere Störfaktoren

Gehen wir zurück zu dem Konzertabend, von dem zuvor schon einmal die Rede war. Diesmal klappt es mit der Entspannung wunderbar. Du bist innerlich ruhig, kannst dich auf die Musik konzentrieren und die Klänge genießen. Doch was ist das? Dein Nachbar fängt plötzlich an zu schniefen. Gefühlte zehnmal pro Minute zieht er die Nase hoch und macht dabei jedes Mal ein störendes, unappetitliches Geräusch.

Erinnere dich daran: Du hast die Wahl. Du kannst diese Situation aktiv verändern, sie gelassen annehmen oder verlassen.

Wenn du also deinen teuer erworbenen Sitzplatz nicht einfach so aufgeben kannst oder möchtest, um dich umzusetzen, reiche deinem Nachbarn beispielsweise ein Taschentuch und hilf ihm aus seiner misslichen Lage. So kannst du das Problem lösen und musst dich nicht mehr darüber ärgern. Hast du jedoch selbst keine Taschentücher zur Hand, bleibt dir immer noch die Gelassenheit. Doch wie stellst du das an?

Du kannst den Störfaktor abmildern, vielleicht sogar beseitigen, indem du dem Geräusch keine Angriffsfläche in dir gibst. Stell dir bildlich vor, wie das Geräusch in Schallwellen zerfällt – mehr ist es ja nicht. Die negative Bewertung entsteht tatsächlich erst in dir.

Lass diese Schallwellen nun nicht an dir aufprallen, sondern baue die innerliche Mauer in dir ab, an der sie bisher auf Widerstand trafen.

Lass die Schallwellen durch dich hindurchgehen.

Soll sich doch ein anderer damit rumärgern. Dir können sie nun nichts mehr anhaben. Denn nur wo ein Widerstand ist, entsteht Reibung, nur wo eine Mauer aus Ärger besteht, da kann sich ein Geräusch in deinem Körper ausbreiten und dich stören.

Es klingt zu leicht, um wahr zu sein, doch es klappt tatsächlich. Je öfter du diese Vorstellung des Durch-dich-hindurch-Lassens trainierst, desto besser funktioniert es – mit Geräuschen, unangenehmen Gerüchen, verletzenden Worten und vielem mehr.
Alles, was von außen kommt, bleibt auch außen. Lass es einfach durch dich hindurchfließen – in dir ist kein Platz dafür.

11.4. Der „falsche Schuh"

Erinnerst du dich an das Beispiel mit dem Kieselstein im Schuh? Was, wenn Druck und Schmerz überhaupt nicht von einem Steinchen kommen, sondern dir der Schuh einfach nicht richtig passt?

Übst du beispielsweise fleißig die „allumfassende Wahrnehmung" (siehe S. 43) und hast doch das Gefühl, dadurch nicht entspannter im Alltag zu sein? Quälst du dich schon lange jeden Mittwochabend zum Qigong, um dein Gewissen zu beruhigen, aber es macht dir keinen Spaß?

Stell dir selbst die Frage: Was bedeutet wirklich zugleich Freude und Erholung für mich? Welcher Entspannungstyp bin ich eigentlich?

Die meisten in diesem Buch aufgeführten Ideen und Tipps sind weitgehend unabhängig vom Entspannungstyp, da sich gerade Mikropausen und Achtsamkeitsübungen völlig flexibel in den Alltag einbauen lassen. Jede für sich stellt eine Möglichkeit dar, um zu entschleunigen, den Moment, dich selbst und deine Umgebung wahrzunehmen.
Du machst es dir jedoch leichter, wenn du grundsätzlich hinterfragst, welche Entspannungstechniken zu dir und deinen Bedürfnissen passen.

Fällt es dir leicht, wie auf Knopfdruck ein Nickerchen einzulegen oder eine Atemübung durchzuführen? Oder ist es
durch den lauten Gedankenwirrwarr in deinem Kopf schon
schwierig genug, den eigenen Atem zu hören? Regenerierst
du vor allem in Ruhemomenten oder willst du deinen Körper
eher spüren – durch aktive Entspannungstechniken wie
Yoga, Tai Chi oder Progressive Muskelentspannung? Bist
du beim Durchatmen lieber alleine oder in Gesellschaft?

Es ist sehr wichtig, dass du erst in dich hineinhörst, bevor
du blind einem Vorbild oder einem Ratschlag folgst.
Nur weil die beste Freundin es einfach großartig findet,
jeden Morgen um 06:00 Uhr die erste Joggingrunde zu
drehen, musst du nicht das Gleiche tun.

Vielleicht bedeutet es für deinen Körper eher Stress, so
früh bereits den Turbo einzulegen. Es kann sein, dass dein
Körper etwas ganz anderes benötigt, um in Schwung zu
kommen. Eine kraftvolle Meditation oder sanfte, belebende
Morgengymnastik?

12. Welche Atempause passt zu dir?

Nimm dir genügend Zeit, um diese **Frag**en zu beantworten, und erkenne schwarz auf weiß, was dir **guttut**. Du kannst mehrere Punkte ankreuzen und brauchst dich nicht für eine Aussage zu entscheiden.

1. Um aufzutanken bin ich gern …

○ allein.

○ unter vertrauten Menschen.

○ unter Menschen, die mich nicht kennen.

○ bei einem „Entspannungstrainer".

○ in der Nähe von Tieren.

○ ....

2. Am besten tanke ich Kraft …

O   zu Hause.

O   in der Natur.

O   beim Sport (Yoga, Pilates …).

O   ....

3. Wann ist mein Kopfkino besonders aktiv?

O   Ich wache schon mit Stressgedanken auf.

O   Vor allem während meiner Arbeitszeit kreisen
     meine Gedanken um Probleme.

O   Sobald ich zu Hause bin, beginnt die innere Unruhe.

O   Besonders beim Schlafengehen dreht sich das
     Gedankenkarussell.

O   Ich fühle mich den ganzen Tag angespannt.

O   ....

4. Wie schalte ich mein Kopfkino aus?

O Ich brauche generell Ablenkung oder geführte Anleitungen, um runterzukommen.

O Ich kann mich durch Achtsamkeit selbst innerlich beruhigen und eine Denkpause einlegen.

O Wenn ich kreativ bin (Musik, Handarbeit, etc.), fällt es mir leichter, voll und ganz entspannt zu sein.

O Wenn ich körperlich aktiv bin (Sport, Tanz, etc.) kann ich wunderbar abschalten.

O Am besten klappt es, wenn ich ....

....

....

5. Mein Körper – erholen oder fordern?

O Ich bin im Alltag körperlich gefordert und danach eher erschöpft und müde, mein Körper braucht dringend eine Pause.

O Eigentlich bin ich nicht körperlich, sondern geistig müde. Mein Geist braucht eine Pause, mein Körper will gefordert werden.

○ Ich spüre meinen Körper im Alltag viel zu selten. Ich möchte seine Beweglichkeit mehr genießen und mich nach und nach über Fortschritte freuen.

○ Beim Sport tanke ich besonders viel Kraft und Energie.

○ Körperliche Aktivität tut mir eigentlich gut, aber die Motivation fehlt noch.

○ ....

6. Wie erlerne ich Entspannungstechniken am besten?

○ in einem Gruppenkurs unter Anleitung

○ in einem persönlichen Einzelcoaching

○ mit einem Buch

○ mit einem Hörbuch

○ mit einem Video

○ ....

7. Wie erinnere ich mich am besten
an regelmäßige „Zeit für mich"?

○ mit Kalendereinträgen

○ mit der Erinnerungsfunktion des Handys

○ durch Übungsanleitungen, Bücher, CDs, Sportkleidung
   usw., die an einem gut sichtbaren Ort platziert sind

○ durch gegenseitiges Erinnern mit einem Freund/einer
   Freundin

○ ....

   ....

○ ....

   ....

8. Bitte kreuze an, welche Entspannungstechniken
du bereits ausprobiert hast, und bewerte nach dem
Schulnotensystem deine Erfahrungen hinsichtlich
Entspannungseffekt (E) und Alltagstauglichkeit (A):

Entspannungstechnik: E   A

O Achtsamkeitsübungen: ....

O Mikropausen in der Arbeit: ....

O Geführte Fantasiereisen: ....

O Meditation: ....

O Autogenes Training: ....

O Yoga: ....

O Qigong: ....

O Tai Chi: ....

O Progressive Muskelent-
   spannung nach Jacobson: ....

O EFT-Klopftechnik: ....

O ....

Entspannungstechnik: E   A

○ ....

○ ....

○ ....

All deine Antworten zeigen dir auf, wie, wann und wo du am besten Atempausen einlegen solltest, um im Alltag Kraft und Energie zu tanken. Fasse deine Antworten nun in einigen Sätzen noch mal zusammen und formuliere somit klar und deutlich, wie du deinen Bedürfnissen am besten gerecht werden kannst. Was ist der beste Weg für dich, um Zeit für dich in deinen Alltag zu integrieren? Wo? Mit wem? Wann? Wodurch?

Kraft tanken kann ich am besten ....

....

....

....

....

....

13. Ein „All-Tag" ganz bei dir selbst

Nun kennst du bereits eine Menge Übungen, Möglichkeiten und Chancen, wie du dir im Alltag mehr Zeit für dich gönnen kannst, um gar nicht erst auf einen freien Tag warten zu müssen.

Wenn du nach und nach, Schritt für Schritt, das Gelesene in die Tat umsetzt, indem du es in deinen Tag einbaust, ist es so, als würdest du eine schöne Wanderung beginnen: Du kennst dein Ziel, den Gipfel mit der Berghütte. Du weißt, welchen Weg du nehmen möchtest, und hast den Berg erforscht, kennst seine Tücken, die steilen Aufstiege und die Lichtungen, die zu einer Rast einladen. Bestimmt gibt es auch schon auf dem Weg zum Gipfel die eine oder andere schöne Zwischenstation, um die bereits erfolgreich zurückgelegten Etappen zu feiern.

Und eigentlich ist es auch gar nicht so wichtig, wann du ganz oben ankommst, da nicht erst auf der Hütte, sondern bereits auf deinem Weg dorthin viele Abenteuer, kleine Wunder und Geschenke auf dich warten.

Gehe also jeden Tag ein Stück deines Weges und genieße diese spannende Reise. Frage dich immer wieder:

Was habe ich heute gelernt?

Damit du dich nicht verläufst, nimm deine Landkarte, dieses Buch, zur Hand und prüfe, ob du noch auf dem richtigen Pfad bist. Lass dich von deinen wertvollen Notizen erinnern, leiten und inspirieren. Viel Freude und Erfolg bei diesem Abenteuer!

Denn: Das größte Abenteuer der Welt liegt nicht in fernen Ländern, sondern wartet im Hier und Jetzt darauf, entdeckt zu werden: Es nennt sich Leben! Nach allem, was du in diesem Buch erfahren hast, weißt du, wie ein Tag voller Wohlfühlmomente aussehen könnte, so zum Beispiel: Du wachst auf, es ist noch früh am Morgen und dein erster Gedanke ist vielleicht: „Ich möchte heute nicht in die Arbeit!"

Doch schnell erinnerst du dich an dein Vorhaben und entkräftest diesen Gedanken, indem du dich erst einmal genüsslich streckst und tief ein- und ausatmest.
„Was für ein Geschenk", denkst du, „dass ich heute aufgewacht bin und lebe!" Dabei spürst du deinen Körper von innen.

Der Weg zum Ziel
beginnt an dem Tag,
an dem du die hundertprozentige
Verantwortung
für dein Tun übernimmst.

Dante Alighieri

Du fühlst, wie jede Zelle deines Körpers erwacht und voller Lebendigkeit den Morgen begrüßt. Auch wenn es hier und da ein wenig zwickt, sagst du dir laut vor: „Heute ist ein guter Tag! Ich erledige heute meine Aufgaben und werde dabei auf mich und meine Werte achten."

Du steigst aus dem Bett und bringst erst einmal die Kaffeemaschine zum Laufen. Auf dem Weg ins Bad spürst du bewusst den kalten Boden unter deinen Füßen.
Danach geht's unter die Dusche. Dort genießt du das warme Wasser und bist achtsam für den wohltuenden Duft deines Duschgels.

Beim Abtrocknen legst du besonderes Augenmerk auf die Körperteile, die dir besonders gefallen, und erkennst an, was für ein Wunderwerk dein Körper ist.

Angezogen und bereit für den Tag schenkst du dir mit der anderen Hand als sonst deine Tasse Kaffee ein und genießt beim Trinken jeden Schluck ganz intensiv, denn du schaltest all deine Sinne ein.

Nach dem Frühstück trittst du deinen Arbeitsweg an. Deine Bahn scheint heute Verspätung zu haben, denn es warten bereits viel mehr Leute als sonst am Bahnsteig.

Doch heute übst du dich in Gelassenheit und nutzt die zusätzlichen Minuten Wartezeit, um bewusst zu atmen und deine Umgebung allumfassend wahrzunehmen.

In der Arbeit legst du heute immer wieder kurze, regenerierende Pausen ein und fühlst dich dadurch weniger in deinen Aufgaben gefangen. In der Mittagspause lenkst du das Gespräch mit deinen Kollegen auf Positives.

Zurück daheim drehst du zehn Minuten deine Lieblingsmusik laut auf und tanzt dich frei von deiner Arbeit. Der Fernseher bleibt heute den ganzen Abend aus, stattdessen nimmst du dir wenigstens 20 Minuten Zeit, um dich auf ein neues Hobby einzulassen, das dich schon lange interessiert.

Nach dem Abendessen trinkst du in deiner Wohlfühlecke noch genüsslich eine Tasse Tee und schreibst währenddessen deine heutigen Erfolge und Glücksmomente in dein Dankbarkeitstagebuch.

Während du dies machst, fängt irgendwo im Haus jedoch spätabends noch jemand zu hämmern an und es fällt dir schwer, dich zu konzentrieren. Du erinnerst dich an die Übung gegen äußere Störfaktoren und genießt trotz dieses kleinen Stolpersteins dein liebgewonnenes Abendritual. Du freust dich darüber, dass du schon viel dazugelernt hast und auch umsetzt. Deshalb klopfst du dir gedanklich selbst auf die Schulter und bist stolz auf dich.

Es ist Zeit schlafen zu gehen, doch obwohl du dich relativ entspannt fühlst, hindern dich die Gedanken über deine derzeitige Lebenssituation am Einschlafen.

Du lässt die Gedanken vorüberziehen und begibst dich gedanklich an deinen persönlichen Kraftort.

Du schlummerst ein und ein zufriedener Tag voller Entspannungspausen geht vorüber …

13.1. Jetzt bist du an der Reihe!

Schreibe nun deinen optimalen „All-Tag" voller Zeit für dich stichpunktartig auf und markiere diese Seite am besten oben mit einem Klebezettel oder dem Lesebändchen. So findest du deine ganz persönliche Zusammenfassung immer schnell wieder und kannst dir dein Vorhaben regelmäßig ins Gedächtnis rufen. Welche Atempausen, Übungen und Tricks passen genau in deinen Alltag? Was möchtest du umsetzen, um dir zwischen und während deiner alltäglichen Aufgaben bewusste Kraftmomente zu schenken?

Mein Masterplan für einen Tag ganz bei mir selbst:

....

....

....

....

....

....

....

....

....

....

....

....

....

....

....

....

....

....

....

....

....

....

Erinnere dich, entscheide dich und dann tu's einfach!

Denn: Nicht große Vorsätze verändern dein Leben, sondern kleine Taten. Viel Erfolg dabei und alles Gute!
Deine Karima Stockmann

Über die Autorin

Karima Stockmann ist Stressmanagement-Trainerin, Speakerin, Lebensfreude-Bloggerin und Mama. Ob auf der Bühne, in interaktiven Workshops, auf ihrem Blog oder zu Hause – Karimas Lebensmission lautet stets: Die Welt ein Stückchen „lebensfreudiger" machen und die Menschen zu einem bewussten Umgang mit Körper, Geist und Seele motivieren.

Durch ihre Diabetes-Typ 1-Diagnose hat sie bereits in der Jugend erfahren, wie wichtig es ist, mit achtsamem Blick für die eigenen Bedürfnisse auf sich aufzupassen. Denn so behält sie trotz persönlicher Herausforderungen die Kraft, um auch für ihre Mitmenschen da zu sein. Karima hat stets das große Ganze im Blick und ist sich sicher: „Wer selbstbestimmt die Lebensfreude und Zufriedenheit in seinem Leben nährt, wer liebevoll den Frieden in sich selber stärkt, der trägt einen wichtigen Teil dazu bei, die Welt zum Positiven zu verändern. In diesem Sinne, ein ganz herzliches Danke an jeden, der dieses Buch durch sein Lesen, Schreiben und Mitmachen zum Leben erweckt."

Mehr über Karima Stockmann findest du auf www.lebensfreude-heute.de oder in unserem exklusiven Online-Bereich zum Buch – dort warten geführte Meditationen auf dich:

www.groh.de/extra/bei-mir-selbst

Einatmen. Ausatmen.
Weiteratmen.

Noch mehr Entspannungstipps
finden Sie auf:

www.groh.de
facebook.com/grohverlag
instagram.com/grohverlag

MIX
Papier aus verantwor-
tungsvollen Quellen
FSC® C023419

Die nachhaltige Waldbewirtschaftung und die verantwortungsvolle Gewinnung des Rohstoffs Papier ist uns ein Anliegen. Daher werden alle Buch- und Kalender-Neuheiten auf FSC®-zertifiziertem Papier gedruckt.

ATEM
PAUSEN
GENUSS
ZEIT
für

Freude
Wärme &
Sonnenschein

ENTSPANNUNG
DICH

KRAFT
ACHTSAMKEIT
KLEINE
WUNDER

Einen guten Tag
RUHE

SCHENKEN

In der Hektik des Alltags nehmen wir uns viel zu wenig Zeit für kleine Pausen. Dabei genügt oft schon ein kleiner Moment, um zu neuer Gelassenheit zu finden. Atmen Sie durch, kommen Sie zur Ruhe. Und schon werden selbst der stressigste Tag und das größte Ärgernis zur Nebensache. Wir schenken Ihnen mit diesem Buch eine kleine Auszeit für die Seele – Sie haben sie verdient.

Ihr Groh Team